数字城镇创新发展

理论、场景及案例

唐元　白津夫　潘东晓　张金来 / 主编

经济日报出版社
北　京

图书在版编目（CIP）数据

数字城镇创新发展理论、场景及案例 / 唐元等主编. 北京 : 经济日报出版社，2024. 12.
ISBN 978-7-5196-1407-2

Ⅰ. F299.21-39

中国国家版本馆CIP数据核字第2024W33189号

数字城镇创新发展理论、场景及案例

SHUZI CHENGZHEN CHUANGXIN FAZHAN LILUN、CHANGJING JI AN'LI

唐 元 白津夫 潘东晓 张金来 主编

出 版：经济日报出版社
地 址：北京市西城区白纸坊东街 2 号院 6 号楼 710（邮编 100054）
经 销：全国新华书店
印 刷：北京文昌阁彩色印刷有限责任公司
开 本：710mm×1000mm 1/16
印 张：15.5
字 数：220 千字
版 次：2024 年 12 月第 1 版
印 次：2024 年 12 月第 1 次印刷
定 价：98.00 元

本社网址：www.edpbook.com.cn，微信公众号：经济日报出版社

序 言

党的二十大报告指出，深入实施新型城镇化战略，推进以人为核心的新型城镇化，同时指出促进数字经济和实体经济深度融合。数字经济和新型城镇化的融合，为经济社会发展注入了新动能，带来了新气象，增添了新亮点。加快数字城镇创新发展，探索数字经济和新型城镇化融合发展的有效形式，是我国面向未来构筑竞争新优势的关键之举，也是全面建设社会主义现代化国家新征程的重大理论创新和实践课题。

由中国城镇化促进会数字经济专业委员会会同北京工商大学数字经济研究院、华高控股集团有限公司、全经联（北京）产业加速器有限公司等单位联合编写的《数字城镇创新发展理论、场景及案例》（以下简称本书），从理论和实践层面深入探讨了数字城镇创新发展问题。本书在系统分析我国当前面临的形势和战略选择的基础上，详细阐述了我国数字经济和新型城镇化建设的基本情况，阐释了数字城镇创新发展战略的背景、内涵、路径和措施，并提供了大量成功实践案例。

数字城镇是数字经济和新型城镇化融合发展的表现形态，数字经济推进城镇向数字化、智慧化转型。在新型城镇化战略指引下和数字经济浪潮驱动下，我国数字城镇发展取得了令人瞩目的成就和经验。毫不动摇始终坚持以人民为中心、不断推进改革创新、不断优化法律和政策环境是我国数字城镇发展的有力保障。

本书分析了我国数字城镇发展面临的挑战和机遇，提出了数字城镇创新发展的框架体系和评价体系，探讨了如何推动城镇数字化全域转型、加快共享网络平台发展等，丰富和拓展了数字城镇创新发展的内涵和外延。同时，本书还阐述了数字城镇创新发展的支持政策，促进数字城镇创新发展的重大改革举措，数字城镇创新发展的重点任务。

本书最大的亮点和特色是集中展示了数字城镇创新发展实践中涌现出的新场景及典型案例，包括：南阳市全域数字化转型举措、智慧安防社区建设、智慧城市建设、数字蓝莓共享经济平台、全经联 IP 广场、数智医养综合服务平台、县域数字医联体/医共体创新实践、好停车“静态交通数字运营”创新实践、数字文旅创新实践、银发健康数字工程、华为兴农“百千万工程”等。这些新场景和典型案例是数字技术和实体企业、数字经济和新型城镇化深度融合的成功实践，彰显了数字城镇创新发展的无限潜力和美好前景。

综上所述，我认为，在当今数字经济时代的大背景下，加快数字城镇创新发展是大势所趋。本书可供相关领域研究者、管理者、实业界人士探索研究数字城镇创新发展时参考。通过大家的共同努力，我国数字城镇创新发展一定能够不断取得新成就，为我国经济社会高质量发展作出更大贡献。

郑新立

中共中央政策研究室原副主任

中国城镇化促进会顾问

前 言

推进以人为本的新型城镇化建设、发展数字经济是我国新时代国家发展重大战略。城镇化是人类社会发展的客观趋势，是现代化的必由之路，是解决农业、农村、农民问题的重要途径，是推动区域协调发展的有力支撑，是扩大内需和促进产业结构转型升级的重要抓手。深入实施新型城镇化战略，将稳步提高城镇化质量和水平，充分释放城镇化蕴藏的巨大内需潜力，为中国式现代化提供强劲动力和坚实支撑。

数字经济是以现代信息网络为主要载体，以信息通信技术融合应用、全要素数字化转型为重要推动力，已经引发并将继续引发生产方式、生活方式和治理方式深刻变革的现代社会的新经济形态。在国际上，数字经济是重组全球要素资源、重塑全球经济结构、改变全球竞争格局的关键力量。在国内，数字经济是推动高质量发展、推进中国式现代化的新引擎与新动能。

党的二十大对新型城镇化建设和数字经济发展作出了具体部署。党的二十届三中全会进一步指出，“健全推进新型城镇化体制机制”“健全促进实体经济和数字经济深度融合制度”“加快构建促进数字经济发展体制机制，完善促进数字产业化和产业数字化政策体系”。

数字城镇是数字经济和新型城镇化融合发展的表现形态。推动数字城镇建设，是推动新型城镇化和数字经济协同发展的切入点和抓手，能够把数字经济发展战略与新型城镇化战略有机统一起来，有助于推动数字经济和实体经济在城镇产业体系中深度融合。

基于数字城镇建设的重大现实意义，我们组织力量编写了本书，围绕推动我国数字城镇建设高质量发展，开展理论探索，总结成功经验，挖掘典型案例。本书分为上下两篇，上篇为理论阐述，下篇为场景及典型案例介绍。理论部分分析了经济发展总的形势及战略选择、新型城镇化和数字经济发展态势、数字城镇创新发展的成就和经验及面临的挑战和机遇、城镇数字化全域转型的路径、促进数字城镇创新发展的重大改革举措，提出了数字城镇创新发展框架体系和评价体系，等等。场景及典型案例部分介绍了数字城镇创新发展中的若干新场景、新模式、新业态、新亮点。

本书由来自城镇化和数字经济等领域的多位专业人士共同完成。上篇撰写人员及分工如下：第一章、第十二章由唐元撰写，第二章、第五章由张金来撰写，第三章、第四章由白津夫撰写，第六章由葛红玲撰写，第七章由李惠璇撰写，第八章由王远仁、刘艳英撰写，第九章由潘东晓、陈晓东撰写，第十章由唐元、曾靖哲撰写，第十一章由杨乐渝撰写。下篇撰写人员及分工如下：案例一至案例五由华高集团陈晓东组织撰写，案例六由段与杨撰写，案例七由傅胜撰写，案例八由于浩波撰写，案例九由何永正撰写，案例十由唐元、曾靖哲撰写，案例十一由唐元、胡志远、张金来撰写，案例十二由蒋君伟、刘欣武撰写，案例十三由史春龙撰写，案例十四由张会见撰写，案例十五由李方悦撰写，案例十六由吴旭辉撰写，案例十七由李振撰写。此外，案例八、九、十二至十七由徐迅、孙富城协同撰写人整理及汇编。全书由曾靖哲统稿。

希望本书的出版，能够为波澜壮阔的中国式现代化进程中的新型城镇化建设和数字经济发展作出积极贡献。

感谢华高控股集团对本书出版提供的资助。感谢北京工商大学数字经济研究院、全经联（北京）产业加速器有限公司等单位对本书编写提供的帮助和支持。

由于时间仓促，编写过程中的疏漏在所难免。恳请业界人士、广大读者批评指正。

编　者

2024 年 8 月

目录

CONTENTS

上篇：数字城镇创新发展理论

第一章
我国经济发展的战略选择

面对复杂多变的国际环境，我国坚定不移贯彻新发展理念，促进经济尽快走上高质量发展轨道，确保经济持续稳定发展。

一、必须坚持改革开放不动摇

坚定不移走中国特色社会主义道路。对内调动各种经济主体积极性，凝聚各阶层力量，齐心协力众志成城，实现国家民族复兴大业。对外建立人类命运共同体，与世界各国和平共处，实现共赢发展。具体要着重处理好两个问题：

1. 营造良好的市场环境。党的二十届三中全会提出，高水平社会主义市场经济体制是中国式现代化的重要保障。必须更好发挥市场机制作用，创造更加公平、更有活力的市场环境，实现资源配置效率最优化和效益最大化，既“放得活”又“管得住”，更好维护市场秩序、弥补市场失灵，畅通国民经济循环，激发全社会内生动力和创新活力。继续推进“放管服”改革，放松不必要的管制，加快向服务型政府转变，鼓励各类市场主体迸发创业激情，积极参与国家经济建设，为民族振兴作出贡献。

2. 切实做到对民营企业一视同仁。以公有制为主体、多种所有制经济共同发展是我国的基本经济制度。“毫不动摇地鼓励、支持、引导非公有制经济发展”是国家促进民营经济健康发展的重要方针。党的二十届三中全会指出，要坚持致力于为非公有制经济发展营造良好环境和提供更多机会的方针政策。

二、在全球治理中发挥作用

一是在构建全球金融新格局中扮演重要角色，推动人民币国际化，构建以数字货币为主导的全球新型货币结算体系。二是推动“一带一路”“上合组织”在全球治理中发挥更为重要作用。三是在气候变化等全球共同关心问题上发挥重要作用。

三、加快科技创新发展

要下更大的决心、花更大的力气推进科技体制机制改革，全方位、系统化研究和实施科技政策，尽快提升国家自主创新能力，提高经济长期可持续发展能力。在这方面，重点做三件事：

1. 更好发挥科技园区功能。科技开发区在我国科技项目孵化、产业化和科技人才培养方面作出了很大贡献，今后要更好发挥各级各类科技园区的功能，利用特色小镇思路，将大批科技园区改造成宜居宜业宜游的绿色生态园区，引进科技创新人才，加强各级科技园区的合作交流，加快数字经济等项目孵化、产业化发展，成为地方经济发展的引擎。

2. 鼓励设立产业技术研究院。设立产业技术研究院，整合科技资源，以体制机制改革引领创新发展，成为科研院所科技成果产业化平台和政府推进科创工作的主要抓手。

3. 切实加大成熟科技技术成果的遴选和推广力度。许多颠覆性科技成果都在民间，由于没有好的政策和机制得不到推广应用。党的二十届三中全会指出，要强化企业科技创新主体地位，构建促进专精特新中小企业发展壮大机制。鼓励研究形成科技技术成果遴选和推广机制，服务科技创新人才和项目，以“英雄不问出处”的精神，把埋没在民间的各类好技术挖掘出来、推广开来。

四、重视新经济及数字经济发展

近年来，我国的新技术、新业态、新模式不断涌现，形成了新的经济增长动能，颠覆了传统生产、生活和交往方式。比如网购模式改变了人们传统的消费习惯，网约车颠覆传统出租车行业并极大地方便了群众出行，共享单车解决了公交出行“最后一公里”问题，网络支付平台方便了群众的支付行为，等等。现在，网络型消费、定制型生产、共享型经济已然深入人心，一些新型行业如新媒体、电动汽车、机器人等正不断涌现并迅速发展，成为新的经济增长动能，促进了我国经济发展。新经济实际是数字经济，为此，国家制定了《“十四五”数字经济发展规划》，发布了《关于构建数据基础制度更好发挥数据要素作用的意见》，把数字经济基础设施纳入国家基本建设考虑，投入大量资金建设国家算力中心、在全国布局区块链节点网络，同时对元宇宙等前沿信息科学给予高度重视。党的二十届三中全会提出，要健全相关规则和政策，加快形成同新质生产力更相适应的生产关系，促进各类先进生产要素向发展新质生产力集聚，大幅提升全要素生产率。

五、加快绿色低碳发展

绿色低碳发展是我国生态文明建设的重要内容，也是履行国际碳减排义务、实现“双碳”目标的必经之路。党的二十届三中全会指出，要聚焦建设美丽中国，加快经济社会发展全面绿色转型，健全生态环境治理体系，推进生态优先、节约集约、绿色低碳发展，促进人与自然和谐共生。

1. 产业园区要大力发展循环经济，实现废物资源化利用、旧物再利用。开展清洁生产，实现生产园区化、园区无污染排放。鼓励企业生产绿色低碳产品，通过制定标准推广绿色低碳产品。

2. 加快推进石油替代。加快发展电动汽车、氢动力汽车，替代汽柴油，减少石油消耗，降低我国石油对外依存度。

3. 加快煤炭清洁化利用。现实的技术路径之一是大规模发展煤制甲醇基地生产甲醇，大力推广改性甲醇技术，用改性甲醇燃料替代汽油、柴油，替代农村和工业锅炉直接燃煤。目前改性甲醇燃料技术已经发展成熟，值得广泛推广。

4. 加快风光水等可再生能源发展，逐步减少煤电份额。当务之急是要加快西部地区超大规模风光资源开发，在我国青海、新疆、甘肃、西藏等地选择若干风光资源特别丰富的地区，布局若干超大规模风光发电基地。

六、加快共享发展

党的二十届三中全会指出，在发展中保障和改善民生是中国式现代化的重大任务。必须坚持尽力而为、量力而行，完善基本公共服务制度体系，加强普惠性、基础性、兜底性民生建设，解决好人民最关心最直接最现实的利益问题，不断满足人民对美好生活的向往。共享发展理念就是解决这些问题的重大国策，建议采取强力有效措施。一是要把促进共享发展和共同富裕纳入发展政绩考核，将共享发展指标纳入政绩考核内容，加大各级各部门推进共享发展、促进共同富裕的工作力度。二是完善共享财税政策，对财产性收益实行累进制征税，加大税收对收入分配的调控力度，严格控制生产要素交易领域的暴利行为。三是加快土地制度改革，让农民离土也离乡，为解决“三农”问题创造条件。为此可考虑发行基础货币、并购农民土地，加快农民市民化、农业产业化和农村城镇化。四是实行城乡统一的住房政策，将农村住房纳入商品房管理，增加农民财产性收入。

七、加快构建房地产发展新模式

党的二十届三中全会提出，要加快构建房地产发展新模式。未来住房模式须调整，立体园林绿色住房应是未来发展的方向。这是将地面住宅搬到空中的全新高层住房模式，具有楼宇皆绿化、空中连街巷、家家有庭院、邻里相往来等特点，既可满足城市居民改善住房环境、提升生活品质的需求，也符合打造优美环境、建设绿色低碳城市的要求，代表未来城市住房转型升级、改善城市居民居住环境、提升生活品质的需求，经济性强、性价比较高，老百姓愿意购买，推广后可迅速形成刚性需求，为房地产市场注入新的活力，为经济增长提供强劲的增长动力，因此加快推广立体园林绿色住房是重振房地产行业的当务之急。

八、加快文博产业创新发展

我国文物资源丰富，根据第三次全国文物普查的最新数据统计，我国登记在册的不可移动文物有 76.7 万处，可移动文物 1.08 亿件（套）；列入联合国名录的世界遗产 55 项，非物质文化遗产 39 项。全国拥有各级各类博物馆 5354 家，其中国有博物馆 3954 家、非国有博物馆 1400 家。据估计，截至目前，未经我国政府有关机构登记造册的民间可移动文物达 10 亿件以上。这是中华民族延绵几千年老祖宗遗留给我们的巨大财富。文博产业就是挖掘文物艺术品经济价值，形成产业化发展，是典型的绿色产业。促进文博产业创新发展，激发文博产业发展潜力，尽快开展文物艺术品“确真、确权、确值”工作，促进文博产业金融化、产业化、市场化、国际化和标准化发展。

九、扩大消费需求

党的二十届三中全会提出，要完善扩大消费长效机制。同时，满足人民个性化、多样化、时尚化的衣着需求，丰富居民生活用品消费。继续支持线上线下商品消费融合发展，发展智慧超市、智慧商店、智慧餐厅等新零售业态，培育互联网+社会数字、数字+生活服务新模式，发展智慧家庭、智慧康养、智慧旅游、智慧出行、智慧广电、智慧体育等新型数字消费业态。促进共享经济等消费新业态发展，支持社交电商、网络直播等新个体经济模式发展。

十、提升经济发展软实力

一是提升诚信水平。构建诚信体制，倡导诚信风气。二是提高产品质量。提高管理水平，实行全过程质量管理，倡导工匠精神，提高工人素质。三是加强标准化工作。在各行各业推进标准化，企业、行业、国家多个层面强化标准化管理。四是推进品牌强国战略。

第二章
以人为本的新型城镇化

党的十八大以来，以习近平同志为核心的党中央从战略和全局出发，坚定不移推进我国的新型城镇化进程，就深入推进新型城镇化建设作出了一系列重大决策部署，展开了波澜壮阔的实践。我国的新型城镇化是以人为本的新型城镇化，取得了举世瞩目的成就，同时面临诸多新的挑战。要积极回应挑战，推动新型城镇化高质量发展。

一、新型城镇化战略的确立

城镇化是工业化的重要标志和内容，也是工业现代化的重要支撑。现代化的过程同时也是工业化、城镇化的过程。从国际视野来看，城镇化水平是衡量一个国家和地区现代化发展水平的重要标志，是区分发达国家与发展中国家一个很重要、很清晰的标准。

中国应走什么样的城镇化发展道路？是照搬欧美发达国家的城镇化发展模式和经验，或者走我国过去以城乡二元结构为主要特征的城镇化发展道路，还是走一条新的符合中国当代国情和实际的城镇化发展道路？这是新时代党和国家面临的重大问题。

党的十八大提出：“坚持走中国特色新型工业化、信息化、城镇化、农业现代化道路。”党的十八届三中全会通过的《中共中央关于全面深化改革若干重大问题的决定》强调：“坚持走中国特色新型城镇化道路。”2013 年底的中央城镇化工作会议再次强调：“在这样一个十分关键的路口，我们一定要牢记，正确的方向就是新型城镇化。”“城镇化目标正确、方向对头，走出一条新路，将有利于释放内需巨大潜力，有利于提高劳动生产率，有利于破解城乡二元结构，有利于促进社会公平和共同富裕，而且世界经济和生态环境也将从中受益。”《国家新型城镇化规划（2014—2020 年）》进一步阐述了走中国特色新型城镇化道路的必要性：“我国城镇化是在人口多、资源相对短缺、生态环境比较脆弱、城乡区域发展不平衡的背景下推进的，这决定了我国必须从社会主义初级阶段这个最大实际出发，遵循城镇化发展规律，走中国特色新型城镇化道路。”

二、以人为本是新型城镇化的核心价值理念

伴随着改革开放进程和城镇化发展过程，大量的农业转移人口、高校毕业生、职业技术院校毕业生、技工等各类人员进入城市和城镇成为常住人口，他们中的一些人多年来只能到城镇打工、经商、就业，但不能在城镇落户，处于“半市民化”的“两栖”状态，享受不到和城镇户籍人口同样的权利，得不到均等的城镇公共服务，甚至受到种种歧视和不公正待遇，这种状况在全局上制约着中国经济发展水平和质量，同时会带来社会矛盾和风险，影响社会和谐、稳定和进步，也不符合社会主义制度的内在要求。

在此背景下，党的十八大以来，中央确立了以人为本的新型城镇价值理念，并不断丰富其内涵，深化其要义。

十八届三中全会通过的《中共中央关于全面深化改革若干重大问题的决定》指出：“推进以人为核心的城镇化。”中央城镇化工作会议进一步指出：“解决好人的问题是推进新型城镇化的关键。”“要以人为本，推进以人为核心的城镇化，提高城镇人口素质和居民生活质量，把促进有能力在城镇稳定就业和生活的常住人口有序实现市民化作为首要任务。”《国家新型城镇化规划（2014—2020 年）》指出：“以人的城镇化为核心，有序推

进农业转移人口市民化，稳步推进城镇基本公共服务常住人口全覆盖，不断提高人口素质，促进人的全面发展和社会公平正义，使全体居民共享现代化建设成果。”

国务院《关于深入推进新型城镇化建设的若干意见》（国发〔2016〕8号）强调：“坚持走以人为本、四化同步、优化布局、生态文明、文化传承的中国特色新型城镇化道路，以人的城镇化为核心……充分释放新型城镇化蕴藏的巨大内需潜力，为经济持续健康发展提供持久强劲动力。”

党的二十大强调，推进以人为核心的新型城镇化，加快农业转移人口市民化。2024年7月，国务院印发《深入实施以人为本的新型城镇化战略五年行动计划》，提出4项重大行动、19项重点任务及有关政策措施。

以人为本这一价值理念的确立和发展，是党中央基于对新型城镇化道路的本质属性和发展方向的深刻把握而形成的重大认识突破和理念升华。

三、以人为本的新型城镇化建设取得举世瞩目成就

党的十八大以来，以习近平同志为核心的党中央深刻认识到新型城镇化建设在我国经济社会发展、民生改善中的重要作用，不断推动以人为本的新型城镇化战略的深入实施。10多年来，我国新型城镇化建设取得了重大成就，城市发展迈上新的历史性台阶，为开启全面建设社会主义现代化国家新征程提供了坚实支撑。

（一）城镇化率不断提升

2012年以来，我国常住人口城镇化率和户籍人口城镇化率均呈上升趋势。常住人口城镇化率从2012年末的52.57%上升到2023年末的66.16%。户籍人口城镇化率从2012年末的35.30%上升到2023年末的48.30%。（如表2.1所示）

表 2.1　常住人口城镇化率与户籍人口城镇化率及差距（2012—2023 年）

年份	常住人口城镇化率（%）	户籍人口城镇化率（%）	相差（百分点）
2012	52.57	35.30	17.27
2013	53.73	36.00	17.73
2014	54.77	38.46	16.31
2015	56.10	39.90	16.20
2016	57.35	41.20	16.15
2017	58.52	42.35	16.17
2018	59.58	43.37	16.21
2019	60.60	44.38	16.22
2020	63.89	45.40	18.49
2021	64.72	46.70	18.02
2022	65.22	47.70	17.52
2023	66.16	48.30	17.86

（二）农业转移人口市民化取得明显进展，农民权益得到有效保障

农业转移人口市民化制度机制基本建立，市民化质量稳步提高。户籍制度改革取得历史性突破，城镇落户门槛大幅降低，城区常住人口 300 万以下城市和小城镇落户限制基本取消，城区常住人口 300 万以上城市的落户条件逐步放宽。城镇基本公共服务覆盖范围扩大。进城务工人员随迁子女在流入地公办学校就读或享受政府购买学位服务的比例超过 90%。农民工参加城镇职工基本医疗和养老保险的比例提高。我国推动经济发展方式转变、产业结构转型升级，为农业转移人口提供了更多的就业机会和就业岗位。

新型城镇化进程中，我国始终坚持农村土地集体所有制，保护了农民的土地资产。农村居民的人均可支配收入呈现逐年上升的态势，由 2012 年

的8389元增长至2023年的21691元。

（三）城镇化空间格局持续优化

“两横三纵”城镇化战略格局基本形成。“19+2”城市群布局总体确立。京津冀、长三角、粤港澳大湾区三大城市群的国际竞争力显著增强。成渝地区双城经济圈建设势头强劲。长江中游、北部湾、关中平原等城市群加快一体化发展。城市群省际协商协调机制不断建立健全，城市群一体化发展水平明显提高。大中小城市和小城镇协调发展。直辖市、省会城市、计划单列市和重要节点城市等中心城市辐射功能不断增强。南京、福州、成都、长株潭、西安等都市圈加快发展。以县城为重要载体的城镇化建设稳步推进，县城补短板强弱项扎实推进，120个县城建设示范工作稳步开展。

（四）城市经济实力和发展活力显著增强

城市经济总量快速增长，财政实力显著增强。城镇居民人均可支配收入从2012年的24127元增长至2023年的51821元。科技创新成果丰硕，产业结构升级优化。城市发展为科技创新提供丰厚土壤，以北京、上海、深圳为代表的中心城市成为科技创新主要策源地。世界知识产权组织公布的数据显示，我国专利申请量连续10多年居于全球首位。城市经济转型升级，传统产业改造提速，服务业占比提升，产业结构更加优化。

（五）城市综合承载能力显著提高

城市更新步伐加快，人民群众居住条件大幅改善，多年累计改造棚户区住房4200多万套，惠及1亿多居民，老旧小区改造16.7万个，惠及2900多万个家庭。市政公用设施不断完善。城市绿色发展成效显著，2023年，国家森林城市达到219个，31个省（区、市）和新疆生产建设兵团实现了国家森林城市创建全覆盖，城市建成区绿化覆盖率达到42.96%；污染防治力度不断加大，环境质量显著提升，2023年，全国

339个地级及以上城市平均空气质量优良天数比例为85.5%，扣除沙尘异常超标天后，实际为86.8%。公共服务供给更加优质均衡。社会治理水平不断提升，网格化服务管理基本实现全覆盖。

（六）城乡融合发展深入推进

城乡融合发展的体制机制和政策体系不断健全，城乡一体化进程加快。我国城乡居民收入差距持续缩小，城乡居民人均可支配收入比由2012年的2.88降至2023年的2.39。农村居民收入增速连续10多年快于城镇居民。城乡统一的居民基本养老保险和医疗保险制度基本建立，义务教育县域基本均衡发展全面实现，城乡基础设施一体化发展取得积极成效，农村自来水普及率达到87%，行政村全面实现“村村通宽带”。11个国家城乡融合发展试验区实施方案出台，各项改革试验任务加快推进。

四、新型城镇化面临的挑战及出路

在看到我国新型城镇化建设取得的历史性成就的同时，也要清醒地认识到，经济社会的快速发展也为新型城镇化带来了新的挑战。例如，进城农民完全融入城市生活面临障碍。户籍人口城镇化率处于较低水平（见表2.1），户籍制度改革具有长期性、复杂性和艰巨性，存在着居住环境、生活习惯、工作方式、城乡文化等方面的差异，阻碍进城农民融入城市生活的脚步。再例如，交通拥堵、住房紧张、公共服务供给不足、资源能源承载力差等问题在许多地方不同程度地存在。城乡融合发展依然任重道远，城乡之间存在各种鸿沟（数字经济发展又带来了城乡数字鸿沟），城乡二元体制尚未彻底破除，等等。

党的二十大强调，深入实施新型城镇化战略，推进以人为核心的新型城镇化。要以党的二十大精神为指引，贯彻落实《“十四五”新型城镇化实施方案》，积极应对新型城镇化面临的挑战，推动新型城镇化高质量发展。

（一）进一步提高农业转移人口市民化质量

坚持把推进农业转移人口市民化作为新型城镇化的首要任务。深化户籍制度改革，放开放宽除个别超大城市外的落户限制；试行以经常居住地登记户口制度；各城市因地制宜制定具体落户办法，促进在城镇稳定就业和生活的农业转移人口举家进城落户，并与城镇居民享有同等权利、履行同等义务；依法保障进城落户农民的农村土地承包权、宅基地使用权、集体收益分配权，健全农户“三权”市场化退出机制和配套政策，完善“人地钱”挂钩政策。完善城镇基本公共服务提供机制。提高农业转移人口劳动技能素质。强化随迁子女基本公共教育保障。巩固提高社会保险统筹层次和参保覆盖率。强化农民工劳动权益保障。完善农业转移人口社会融入机制，建设包容性城市，加强对农业转移人口的人文关怀，丰富其精神文化生活。完善农业转移人口市民化配套政策。

（二）持续优化城镇化空间布局和形态

分类推动城市群发展，提高城市群人口经济承载能力，建立健全多层次常态化协调推进机制，打造高质量发展的动力源和增长极；构筑城市间生态和安全屏障，构建布局合理、功能完备的城镇体系，形成多中心、多层级、多节点的网络型城市群结构。有序培育现代化都市圈，引导都市圈产业从中心至外围梯次分布、合理分工、链式配套，推动产业园区和创新基地合作共建。健全城市群和都市圈协同发展机制，在城市群和都市圈内探索经济管理权限与行政区范围适度分离，建立跨行政区利益共享和成本共担机制。推动超大特大城市转变发展方式，提升大中城市功能品质，增强小城市发展活力，推进以县城为重要载体的城镇化建设，分类引导小城镇发展，优化边境地区城镇布局。

（三）深入推进新型城市建设

坚持人民城市人民建、人民城市为人民，顺应城市发展新趋势，加快转变城市发展方式，建设宜居、韧性、创新、智慧、绿色、人文城市。增加普惠便捷公共服务供给，健全市政公用设施，完善城市住房体系，有序推进城市更新改造，增强防灾减灾能力，构建公共卫生防控救治体系，加大内涝治理力度，推进管网更新改造和地下管廊建设，增强创新创业能力，推进智慧化改造，加强生态修复和环境保护，推进生产生活低碳化，推动历史文化传承和人文城市建设。

（四）进一步提升城市治理水平

树立全周期管理理念，聚焦空间治理、社会治理、行政管理、投融资等领域，提高城市治理科学化精细化智能化水平，推进城市治理体系和治理能力现代化。优化城市空间格局和建筑风貌，提高建设用地利用效率，提高街道社区治理服务水平，健全社会矛盾综合治理机制，优化行政资源配置和区划设置。健全投融资机制防范化解城市债务风险，强化政府预算约束和绩效管理，合理处置和分类化解存量债务，严控增量债务。

（五）深入推进城乡融合发展

坚持以工补农、以城带乡，以县域为基本单元、以国家城乡融合发展试验区为突破口，促进城乡要素自由流动和公共资源合理配置，逐步健全城乡融合发展体制机制和政策体系。

稳步推进农村土地制度改革。完善农村承包地所有权、承包权、经营权分置制度，进一步放活经营权，稳妥推进集体林权制度创新。稳慎推进农村宅基地制度改革，探索宅基地所有权、资格权、使用权分置有效实现形式。在充分保障农民宅基地合法权益的前提下，探索农村集体经济组织及其成员采取自营、出租、入股、合作等方式，依法依规盘活闲置宅基地和闲置住宅。坚决守住土地公有制性质不改变、耕地红线不突破、农民利益不受损三条底线。

建立健全有利于城乡要素合理配置的体制机制。开拓乡村建设多元化融资渠道。扩大农村资产抵押担保融资范围，依法合规开展农村集体经营性建设用地使用权、承包地经营权、集体林权等抵质押融资，鼓励有条件的地区结合财力实际设立市场化运作的担保机构。引导城市人才入乡发展。

推进城镇公共服务向乡村覆盖。建立健全有利于城乡基本公共服务普惠共享的体制机制。建立城乡教育资源均衡配置机制，健全乡村医疗卫生服务体系，健全城乡公共文化服务体系，完善城乡统一的社会保险制度，建立健全乡村治理机制。

推进城镇基础设施向乡村延伸。建立健全有利于城乡基础设施一体化发展的体制机制。建立城乡基础设施一体化规划、建设、管护机制，统筹规划各类市政公用设施，推动供水供气供热管网向城郊乡村和规模较大中心镇延伸，推动燃气入乡。

推动城乡产业协同发展。发展县域经济，构建以现代农业为基础、乡村新产业新业态为补充的多元化乡村经济。完善农业支持保护制度，建立新产业新业态培育机制，探索生态产品价值实现机制，建立乡村文化保护利用机制，搭建城乡产业协同发展平台。

持续增加农民收入。建立健全有利于农民收入持续增长的体制机制。统筹推进农村劳动力转移就业和就地就近就业创业，促进农民收入持续稳定增长，逐步缩小城乡居民收入差距。完善促进农民工资性收入增长环境，健全农民经营性和财产性收入增长机制，强化农民转移性收入保障机制。

第三章
我国数字经济发展新态势

数字化浪潮推动我国数字经济呈现蓬勃发展之势，数字经济规模不断扩大，从2005年的2.6万亿元，发展到2022年50.2万亿元，占GDP比重达41.5%。2023年数字经济规模达到56.1万亿元，占GDP比重达44%，预计2025年将突破70万亿元，占比将进一步提升。随着数字技术加持和数据赋能，数字经济发展呈现系列趋势性变化。

一、我国数字经济进入数据驱动发展新阶段

这是基于现实作出的重要判断，反映了全球数字经济发展的大趋势，也反映我国数字经济发展不断深化的现实。数字经济只有以数据资源为关键要素，“充分发挥海量数据和丰富应用场景优势”，才能“做强做优做大我国数字经济”。在技术驱动背景下，通过“互联网+”，催生新产业新业态加快发展，形成倍增效应。在数据驱动背景下，通过“数据要素X”，将在更深层次和更广领域实现数字化新突破，持续放大乘数效应。

（一）数据放量增长

全球数据量增速加快，2019年为8.26ZB（十万亿亿字节），预计2026年全球数据生成量将达221ZB。2022年我国数据产量高达8.1ZB，同比增长22.7%，占全球数据总产量的10.5%。据《数字中国发展报告（2023年）》的数据，2023年全国数据生产量达32.83ZB，同比增长

22.44%，呈现快速增长之势。从2013年到2023年，全国数商企业数量从约11万家增长至超100万家。这也从侧面反映了数据资源日益受到重视，同时也反映了数据驱动发展新阶段的到来。

数据量的持续增长，一方面反映数字经济规模不断扩大，因为数字经济是以数据为支撑的，数据是数字经济的真实写照。另一方面也反映数据资源价值得到充分体现，数据挖掘和利用进一步丰富了数字经济的内涵。

（二）数字经济渗透率提高

2019年发达国家农业、工业、服务业数字化渗透率分别为13.3%、33.0%和46.7%，中国分别为8.2%、19.5%和37.8%。2022年我国三次产业渗透率分别达到10.5%、24.0%、44.7%，其中制造业数字经济渗透率为24%，比2016年增长6.2个百分点，与国外的差距进一步缩小。这同时也表明数字经济覆盖的领域进一步扩大，发挥的作用进一步增强。

（三）数据从资源向资产转变

数据资产化主要是将数据资源转变为可交易流通的商品，使数据资源的潜在价值得到充分释放，从而实现数据价值最大化。因为数据资产本质上就是可计量并能够带来经济和社会价值的数据资源。发挥数据要素资源作用，必须经历资源化、资产化和资本化过程，其中资产化起关键作用，因为资产化既是资源化的结果，也是资本化的起点。然而，数据资产化是一个复杂过程，其基本前提是数据确权。要把现实中大量存在甚至视而不见的数据权属化，这既有一个认识过程，也有一个完善操作过程。从一般意义上来理解，数据资源化和数据确权涵盖了可以被探明、标识、利用并用来创造价值的，才被视为资源。在此基础上，通过构建符合各类生产要素特质的产权制度，实现未来归属、使用、收益等重要权益的确权，这样才能实现交易分配。当然，确权不仅是所有权的确认，也包括持有权、加工使用权、经营权等多种权属。通常考虑到数据权属形成的复杂性，还可能涵盖其他关联方面，这要在确权实践中不断完善。目前，经初步测算，全国企业数据要素支出规模约为3.3万亿元，相关联的数据资产评估、质押、融资等衍生市场，总规模预计超过30万亿元。作为新型生产要素，数据也是价值创造的重要来源。相关调查显示，我国有12亿人平均每天移动端上网时长约7小时，这意味着消费端数据时长每天可达80亿小时。同样，在生产端，我国拥有最大最完整的制造业体系，随着“上云用数”进程的加快，每天来自生产端的数据也是海量的资源，这凸显了我国数据资源优势，也反映了数据资产化的潜力。

值得注意的是，数据资产化已是大势所趋，并进入实际运作阶段。当前，数据资产化已经提到政策层面，围绕数据资产化的探索明显提速，相继出台相关政策文件，例如《关于构建数据基础制度更好发挥数据要素作用的意见》《“十四五”数字经济发展规划》《企业数据资源相关会计处理暂行规定》等。一些地区还出台了推动数据资产化相关法律法规并探索先行先试。

同时，有机构发布企业数据资产会计处理一体化平台，帮助企业加强数据资源管理和便捷“入表”；有企业推行首席数据官机制，旨在打破数据资源开发利用的碎片化现象。总之，数据资产化已全面展开，并逐步走向深入，呈现积极发展态势。

（四）加快培育数据要素市场

数据作为生产要素，高效共享、流通、交易构成数字经济的源头活水。2021—2022年中国数据交易行业市场规模由617.6亿元增长至876.8亿元，年增长率约为42.0%。预计未来3—5年内，中国数据交易市场仍保持较高速度增长。到2025年中国数据行业市场规模有望超过2千亿元，到2030年将超过5千亿元。目前，我国31个省市发布了“数据要素”政策规划。至2023年6月底，全国各地共批复设立44家数据交易所，着力解决制约数据要素化的瓶颈问题，加快构建数据流通交易生态体系。可预料的是，随着数据交易市场日趋活跃，这将会在更深层次上推动数据流动和数据价值开发，有利于进一步完善数据要素市场。

（五）数据跨境流动规模化发展

数据流动速度与增长水平成正比，研究显示，一个国家的数据限制程度每增加一个百分点，其贸易总值将减少7%，其生产力会降低2.9%，并在5年内使产业链下游价格上涨1.5%。据麦肯锡研究报告，数据流动每增长10%，将带动GDP增长0.2%。预计到2025年，数据跨境流动对全球GDP的贡献将达到11万亿美元，数据跨境流动规模和作用日益凸显。根据经济合作与发展组织（简称经合组织，OECD）测算，数据流动对各行业利润增长的平均促进率为10%，在数字平台、金融业等行业中可达32%。

近年来，我国数字贸易活跃并形成海量数据资源。据国际数据公司IDC的预测，我国数据量在2021—2025年间，平均增速为30%左右，将成为全球数据量最大的国家。在跨境数据快速增长的同时，我国也积极参与全球跨境数据流动监管规则的制定，积极促进加强合规体系建设。

（六）数据存储业加快发展，规模不断扩大

随着数据量的规模化增长，数据存储得到应有的重视，在加快数据存储设施建设的同时，多种存储方式同步布局发展。《数字中国发展报告（2023年）》数据显示，我国累计数据存储总量为1.73ZB，存储空间利用率为59%。但是，随着我国数据产出量快速增加，存储能力不足问题日益明显。曾有数据显示，2022年我国数据存储比（存储量/生产量）不足9%，大量数据还未得到储存。2022年，我国分布式存储市场中，分布式文件存储达46.5亿元，占比44.63%，分布式块存储33.1亿元，占比31.77%，分布式对象存储24.6亿元，占比23.6%。随着数字经济加快发展，数据量与日俱增，特别是数据被大量开发利用，这使得数据资源化、价值化趋向越来越明显。数据有效存储问题日渐突出，并将成为制约数字经济健康发展的关键因素。

从我国发展现状看，数据存储力与数据规模增长力比较，还有很大的

提升空间，目前存储总量超过 1800EB 字节，其中先进存储容量占比达到 30%。为此，我国加快进行一体化规划布局，除了贵州“东数西算”这样世界级的超算中心，还包括国家算力枢纽、区域性智算中心，以及城市大脑和各类分布式存储模式等等。随着数字经济进入数据驱动发展新阶段，数据放量增长是大势所趋，需要持续不断拓展存储空间，以缓解日益加剧的供需不平衡矛盾。特别是由于空间、能源、区域气候条件限制，加上跨区域、远距离存储成本的增加，这些都有可能成为数字经济健康发展的约束条件。例如，建一个超算中心，占地空间约达到 60 个足球场的面积。此外，超算中心电力成本占数据中心运营成本比例大约为 56.7%，其降温过程中所消耗的能量占到总耗能的 40%以上。这些都是需要综合考量的因素。特别值得一提的是，我国海南省陵水县首创“陆数海存”新模式，2023 年首个海底存算一体的数据中心正式建成。不仅节约了大型处理器运营的冷却成本，也解决了热带地区就地就近数据存储难题。应当说，这是具有重大意义的创新，随着我国数字经济规模化发展，数据资源放量增长，数据安全存储问题越来越突出，并成为制约发展的重要因素。同时，随着数据存储量越来越多，数据存储业发展空间越来越大，有望成为重要战略性新兴产业，成为数字经济健康发展的重要支撑。

二、算力经济快速发展

算力通常指集信息计算力、网络运载力、数据存储力于一体的新形态，主要通过算力中心等算力基础设施向社会提供服务。随着 GPT 时代的到来，各类应用将被重新改写。通用算力增加 10 倍，人工智能算力将增加 500 倍，智能联接无处不在。据预测到 2030 年，全球总联接数将会达到 2000 亿，这在提高目前联接量 10 倍的同时，将实现从人的联接，迈向物的联接。

相关研究显示，计算力指数平均每提高 1 个点，数字经济和 GDP 将分别增长 3.5‰和 1.8‰。这表明，算力水平与经济发展水平呈现显著的正相关。

《数字中国发展报告（2023 年）》数据显示，2023 年我国算力总规模达 230EFLOPS，居全球第二。《算力基础设施高质量发展行动计划》提出到 2025 年，算力规模将超过 300EFLOPS，智能算力占比将达到 35%。以国内人均 GDP 增速为基准，预计 2035 年占比将达到 55%。

伴随算力经济发展，超算技术和人工智能的融合创新让智能计算中心成为新基建热点。《数字中国发展报告（2023 年）》数据显示，2023 年，全国已累计建成 196 家绿色数据中心，平均电能利用率（PUE）为 1. 27。同时，国内还有一些城市正在建设或提出建设智能计算中心。

当前，我国算力产业已初具规模，产业链上中下游企业协同合作，形成良好的协同互动。算力正加速向政务、产业、交通、医疗服务等领域渗透，推动互联网、大数据、人工智能等与实体经济深度融合，推动新应用、新业态、新场景不断涌现。算力不仅成为传统产业转型升级的重要支点，也催生新产业、新业态发展，形成经济新增长点，并持续放大算力效应。

首先，算力发展直接推动产业产值的增长。随着科技进步，越来越多的行业开始依赖于算力来完成各类任务，如金融行业的量化交易、医疗行业的影像分析、互联网行业的数据处理等。算力的提升，使得这些行业能够更高效地处理数据，从而带来更大的经济价值。

其次，算力发展也促进了生产效率的提升。在制造业中，智能化的设备需要大量的算力支持，才能够实现自动化、高效化的生产。在服务行业中，算力也能够帮助企业更好地理解客户需求，提供更个性化的服务。

此外，算力还催生了众多的商业模式创新。例如，云计算、大数据分析、人工智能等新兴商业模式，都是基于强大的算力才能实现。这些新模式不仅带来了全新的经济增长点，也深刻地改变了我们的生活方式。

同时，算力发展也优化了用户体验。如今，无论是购物网站的推荐系统、还是视频平台的播放速度或是游戏画面的流畅度，都离不开算力的支持。强大的算力使得这些服务能够更精准、更快速地满足用户需求，提升了用户的满意度。这表明，算力已经成为支撑数字经济发展的坚实基础，成为国民经济发展的重要引擎。

但是，我们应当客观地认识到，我国算力总规模虽然排名全球第二位，仅落后于美国，但从技术结构来分析，我们的通用算力占了大半，高性能算力占比还有待提升。正如相关专家指出的，高性能算力采用先进的计算架构，具备高算效、高性能、可持续、可获得、可评估等特征。所以，我们必须认清算力产业发展的总体态势和趋势，不能满足于通用算力规模效应，在这方面不能简单地以“规模”论英雄。必须加大创新力度，加快高性能算力的创新步伐。有专家强调指出，我国算力产业发展要从全局考量，以系统设计为核心，围绕算力的生产、聚合、调度、释放形成完整体系，进一步提高算效。一是在生产环节，要整合高效能部件，打造多元异构的强大算力机组；二是在聚合环节，要打破网络与存储性能瓶颈，进行集群性能调优；三是在调度环节，要通过上层的调度软件高效调度，确保平台稳定运行；四是在释放环节，要提高丰富的框架、工具及算法优化，把算力充分释放出来，加速应用落地。

值得特别关注的是，2023 年 10 月，工信部等六部门联合印发《算力基础设施高质量发展行动计划》，从计算力、运载力、存储力以及应用赋能四个方面提出到 2025 年的发展量化指标。其中在计算力方面：要求算力规模超过 300EFLOPS，智能算力占比达到 35%；在存储力方面：存储总量超过 1800EB；在运载力方面：国家枢纽节点数据中心、集群间基本实现不高于理论时延 1.5 倍的直接网络传输，重点应用场所光传送网（OTN）覆盖率达到 80%；先进存储容量占比 30%以上。需要指出的是，这些量化指标绝非无的放矢，完全是基于现实基础，有的已经在运行优化过程中。

可预期的是，这些目标的实现将全面提升我国算力水平，强有力地支撑算力产业发展，并助推数字经济高质量发展。

三、数字化转型提速增效

随着全球数字化转型加速，各国争相进行数字化转型战略布局，加大支持力度，加快推进发展。IDC 的数据显示：2022 年，全球数字化转型投资超过 1.5 万亿美元，2026 年将迈过 3 万亿美元大关。2021—2026 年复合增长率约为 16.7%。2026 年，我国数字化转型支出规模预计超过 6000 亿美元，5 年复合增长率为 17.9%。从我国发展的实际情况看，截至 2022 年底，全国具有影响力的工业互联网平台超过 240 家，双跨的平台增加到 28 家，新增了 72 家特色型工业互联网平台，重点平台连接的设备超过 8100 万台（套），工业 App 数量超过 60 万个，服务的工业企业超过 160 万家。

制造业是工业互联网应用赋能的主阵地，其在生产环节的管控普及程度已达 45.5%，从根本上提高了制造业质量、效率和企业竞争力。

2022 年，我国产业数字化和数字产业化加快推进，“两化”协同取得积极进展。其中产业数字化增加值约为 41 万亿元，同比增长 10.22%，占 GDP 比重的 41.5%。在数字产业化方面，重点向强基础、重创新、筑优势方向转变，其增速也进一步加快。数字产业化增加值规模达 9.2 万亿元，比上年增长 10.3%，占 GDP 比重为 7.6%，较上年提升 0.3 个百分点，达到 2018 年以来的最大增幅。朝着协同推进产业数字化和数字产业化方向发展。可以肯定的是，随着数字技术的广泛渗透和数字基建的完善，产业数字化上规模上水平的同时，数字产业化将进一步加快发展，两者的协同度进一步增强。

我国主管部门明确表明，当前要以夯实数字经济发展重要基石为发力点，加快推进新型信息基础设施建设，从更深层次和更高水平上推进产业数字化转型。一是加快网络基础设施建设，继续坚持适度超前理念，加快推进 5G 网络和千兆光网建设部署，不断拓展网络覆盖深度和广度。目前，我国已建成全球规模最大、技术领先的 5G 网络。5G 基站总数达 328.2 万个，占全球基站总数的 60%以上。二是促进产业创新发展。围绕 5G 技术演进、高速光通信等重点方向，继续推进核心通信芯片、关键射频器件创新突破，加速高速 PON（无源光纤网络）芯片、高速光模块的技术攻关，强化产业支撑。目前，5G 标准必要专利声明全球占比达 42%，光通信设备、光模块、光纤光缆等领域出现一批领军企业。三是强化网络应用赋能。接续开展“双兆”协同发展，不断丰富5G、千兆光网应用场景，形成可复制、可推广的应用模式，赋能千行百业数字化转型升级。目前5G已融入97个国民经济大类中的71个，网络赋能赋值赋智作用不断彰显。

2024年1月，工信部等七部门联合印发了《关于推动未来产业创新发展的实施意见》，规划了未来制造、未来通信、未来材料、未来能源、未来空间、未来健康六大重点方向。着力打造人形机器人、脑机接口、超大规模新型智算中心、第三代互联网等十大创新标志性产品。提出按照技术创新—前瞻识别—成果转化的思路，到2025年，未来产业技术创新、技术培育、安全治理等全面发展，部分领域达到国际先进水平，产业规模稳步提升。到2027年，未来产业综合实力显著提升，部分领域实现全球引领。体现的思路是：未来产业要素配置不是传统要素线性叠加，而是现代要素相互融合和配置效率指数级提升。从而在更深层次上推动融合化、智能化、绿色化发展。

四、元宇宙市场乘势而上

通常认为，元宇宙是数字经济的高级阶段。元宇宙是数字与物理世界融通作用的沉浸式互联空间，是新一代信息技术集成创新和应用的未来产业，是人类数字化、智能化高度发展下虚实融合、数实融合的新形态。通俗地讲，元宇宙是一个持久的、共享的、虚拟的3D世界。在这个虚拟实景中，人们可以工作、玩游戏、听音乐会、购物以及和朋友聚会等等。总之，是一种共享的、沉浸式体验。

从1992年元宇宙概念问世以来，经历了多年的酝酿期，直到近年才开始进入爆发期。继2021年全球元宇宙市场爆发式增长之后，2022年累计超过1200亿美元的资金流入元宇宙领域。大型科技公司、初创企业和全球众多知名品牌，都试图利用元宇宙市场商机，抢抓发展机遇。据此有观点认为，元宇宙是继互联网之后的下一站。

麦肯锡预测，到2026年，元宇宙价值可达5万亿美元。高德纳咨询公司预测，到2026年，25%的人每天将在元宇宙中度过至少一小时。

多家国际一线咨询机构在2022年围绕元宇宙板块的平行研究和市场取样结果，对于深度理解元宇宙概念和把握未来市场动向，具有现实意义和探索价值。

（一）元宇宙发展方向及市场规模

波士顿咨询公司（BCG）在其2022年4月份发布的一份元宇宙市场报告中，较为完整地归纳了围绕元宇宙概念的三个主要发展方向，并对未来的市场规模进行了预估。

1. 元世界（M-worlds）。元世界是所有沉浸式应用程序的总称，其运行目的是为母品牌创建虚拟渠道以接触新市场受众。元世界程序大都能够在手机、平板电脑、PC浏览器、AR/VR耳机等多种智能设备上运行。以应用程序为依托而创建的每一个小元世界，都具备对虚拟社区和内容进行自我管理的功能，都拥有自身的商业模式、运行规则和特定用户群体。永不间断的客户体验、即时性、同步性、沉浸式服务、自我循环的小经济体系以及多重参与模式是元世界的几大基本特征。

2. XR：拓展现实。XR通常是增强现实（AR）、虚拟现实（VR）和混合现实（MR）技术和应用环境的总称。XR技术的发展主旨是通过移动数字显示系统，力求提供最大限度接近于现实的虚拟体验，从而促进互联网内容从2D到3D的转变。XR行业的发展也将对多个商业领域形成跨行业的影响力。调查表明，医疗保健、教育、员工拓展、制造和汽车行业是对沉浸式技术环境最为青睐的几个细分领域。事实上，已有一些先行企业开始将XR技术吸纳至现有商业模式之内并投放市场。

3. Web3.0时代和虚拟资产。Web1.0时代，用户以单一的方式阅读或消费由他人所创建的数字内容。Web2.0时代开始赋予用户创建和消费内容的能力，但大部分仍采取集中式的网络管理模式。而在新兴的

Web3.0时代，用户不仅可以自由地消费、创建和拥有线上内容，并且网络、数据和虚拟货币的交互均在去中心化模式下进行，区块链技术取代集中式管理成为主流模式，并提供了支持消费和交换的市场基本信任度。当前，Web3.0技术已经引起互联网企业的关注，并开始向虚拟资产方向重点发力，其与金融行业的跨界合作也是潜在的价值增长点。在元宇宙生态系统的未来发展路径上，预计每一个小元世界都会开放虚拟货币、法定货币或二者混合应用的支付和交易接口。

4. 市场规模预估。根据BCG的估算，到2025年全球元宇宙市场的总规模将达到2500亿至4000亿美元，由四个主要市场分区组成。一是虚拟资产。随着元宇宙概念认知度的提升，虚拟资产的市场价值也水涨船高，越来越多的个人用户开始自主创建虚拟资产并在各个平台上进行交易。预计到2025年，其总体交易价值在1500亿至3000亿美元之间浮动。二是XR硬件和软件。随着客户群体的不断壮大，AR/VR/MR相关的硬件、软件以及在线内容的市场容量也处于增长态势。预计到2025年，该市场分区的价值将接近500亿美元，B端和C端各自贡献一半。三是云计算的基础设施。为了使元宇宙中的硬件设备发挥理想的沉浸式效果，云端计算能力必须得到充分发展，而这也将对固定网络（光纤和Wi-Fi）和移动网络（5G和6G）市场起到巨大推动效应。四是现有通信基础设施。现有通信基础设施的维护和建设也是元宇宙市场发展的重要子分区。

（二）元宇宙发展挑战和战略规划

1. 元宇宙发展挑战。德勤咨询在2022年6月的一份报告中指出，元宇宙市场如同互联网发展过程一样，机遇与风险共存。研究数据显示，网络运营企业的年失败率平均为14%，最高甚至可达20%。需要有一批先行先试者，这是推动元宇宙市场发展的主要动力。其中，大型商业机构拥有资金和人才储备的绝对优势，为了提前锁定未来可持续的竞争优势，在关键的基础性元宇宙技术、平台、产品、服务、内容和其他支持组件中抢先注入了数十亿美元的研发费用，站在元宇宙技术发展的最前端。预计到

2024年底，全球元宇宙市场的总营收将接近8000亿美元。因此，在高风险和高回报的双重刺激下，这一市场份额的竞争将日趋激烈，元宇宙板块日益成为投资的新赛道。

2. 元宇宙的三步走战略。麦肯锡在2022年6月的一份报告中，建议企业以三步走的方式来制定元宇宙战略。第一，确定战略立场。定义企业的元宇宙发展目标，确定企业在元宇宙市场发展中想要担当的角色。第二，测试、学习和采用。初步启动元宇宙技术加持的商业活动并探索用户反应，明确发出企业进军元宇宙的信号。通过一系列指标来监控短期内商业测试结果，总结规律以求在长期内持续挖掘元宇宙给企业带来的发展潜力，综合研究用户在不同平台上的行为偏好。第三，拓展。开拓元宇宙人才储备，建设必要的技术性基础设施和操作工具。将元宇宙理念全面嵌入企业业务战略和运营模式中，同时明确企业在元宇宙业务链上的领导团队人选。

（三）我国元宇宙市场现状与发展

顺应全球市场趋势，我国元宇宙市场日趋活跃，一些大型科技公司和初创企业积极参与其中。同时，各级政府采取政策措施加以支持，鼓励行业创新、发展和应用。技术创新、用户需求和商业模式的叠加影响，正在推动元宇宙市场加快发展。

从总体发展趋势看，我国在虚拟现实、增强现实、人工智能技术领域取得了重要进展，为元宇宙发展提供了技术支持，也提供了更多创新应用和体验。在应用拓展方面，元宇宙在游戏领域具有广阔的应用前景，因此我国在游戏产业和社交媒体领域发展迅速。

同时，有一点特别值得关注，“元宇宙”概念提出迅即演化为“元宇宙现象”，各类研究成果频出。一些地方在《政府工作报告》和产业发展规划中也出现元宇宙内容，争相建立各类以元宇宙为主题的“产业园区”等。其实这不能简单地认为是炒概念、赶时髦、博眼球，而是数字化发展的趋势性变化，数字空间日益呈现在我们面前，推动数字经济进入全新发展阶段。然而，更重要的不是简单营造竞争氛围，而是如何共同打造元宇宙生态系统，这样才能合作共享资源，促进元宇宙产业健康发展。

“元宇宙”是平行于现实空间的虚拟空间，是越来越真实的数字空间。从技术维度来解读，就是包括虚拟现实以及结合了数字世界和物理世界各个方面的增强现实。人们通过电脑手机等进行场景融入并体验交流互动，通过融入生产和销售场景，在享受精准服务的同时，以数字模拟优化供应链、引导产业链等。在工业元宇宙方面，更是把三维设计、虚拟现实、人工智能、数据孪生等融为一体。所以，正是从这个意义上说，元宇宙的形成与发展将对传统经济概念、时空概念甚至价值观念带来深刻影响。

事实上，数字化已打开了空间领域，开拓了现实空间和数字空间互通的路径，通过数字空间映射现实空间，不断放大数字空间的优势，并引领现实空间发展。如果说，线上线下结合是现实空间数字化的过程，那么数字空间就是数字化创造的新世界，打开新视域、创建新体系。在数字空间有无限可拓展的领域，并且可以直接融入现实空间，重组现实空间结构，提升现实空间发展水平。

需要特别关注的是，近期OpenAI发布首个视频生成模型Sora，这被认为是通用人工智能（AGI）实现进程中的重要里程碑，将对元宇宙发展带来革命性影响。所以，要把握数字化的大趋势，主动融入创新发展的大潮之中，更加积极主动地协同推进“两个空间”的互联互通。

五、全面提升数字经济融合发展水平

融合发展是数字经济的基本特征，共生协同是数字化的核心要义。当前，数字经济发展要在“三个融合”上重点发力，着力实现数实融合、数绿融合、数社融合新突破，全面提高融合发展水平。

（一）大力推进“数实融合”

《“十四五”数字经济发展规划》明确提出，“十四五”时期要以数字技术与实体经济深度融合为主线，赋能传统产业转型升级。党的二十大报告从战略全局的高度强调“促进数字经济和实体经济深度融合”，进一步深化了“数实融合”的内涵。2024 年 7 月，党的二十届三中全会审议通过了《中共中央关于进一步全面深化改革、推进中国式现代化的决定》，更加明确提出“健全促进实体经济和数字经济深度融合制度”。

数字经济既是深度融合的结果，也是持续融合的过程。通过“数实融合”不仅可以强化数字赋能效果，也能够加快产业转型升级，从而在更高水平上推动数字化发展。

为此，必须加大推进“数实融合”的力度，扩大数字技术与实体经济深度融合的广度和深度，持续加强数字技术在产业领域的全面渗透，推动传统产业优化升级；整体战略规划布局，着眼于发展现代化产业体系，促进数字经济和实体经济深度融合，更好发挥其在现代化产业体系建设中的“支点”作用。2022 年数字经济城市发展百强评价报告显示，数字经济全行业平均渗透度由 24. 7 提升至 38. 3，反映各类城市数实融合进一步走深走实。

1. 通过“数实融合”弱化产业分工的负效应。在全球产业分工体系中，发达国家和发展中国家遵循不同的产业发展路径。发达国家利用产业先发优势，加快产业链供应链外移，导致产业空心化和结构轻型化，实体经济占比相对降低，发展数字经济的结构性掣肘因素比较少。所以，数字经济规模发展，其主要国家占 GDP 比重保持在 65%以上。而发展中国家通过承接产业链供应链转移，产业结构重型化明显，实体经济比重相对较高，由此形成发展数字经济的结构性约束。数字经济占 GDP 比重基本保持在 40%左右，而且还存在着数字经济质量差异。所以，我国发展数字经济必须基于产业现实基础，着力推动“数实融合”，把数字经济领先优势和实体经济规模优势叠加放大，创造经济发展新优势，拓宽发展新路径。

2. 发展数字经济要防止走向偏差。既要防止脱实向虚，即国外学者讲的经济“去物质化”；也要防止实体经济低水平循环，与数字经济各行其道。既不能以数字经济挤压实体经济发展空间，也不能简单维持实体经济发展现状。要通过数字赋能实体产业，深化融合发展。推动数字原生企业向新型实体企业加速转化，打造“数实融合”领先发展新范式。要通过“数实融合”重塑产业结构，消融产业边界，创造发展机制，再造发展新形态，建设现代化产业体系。所以，要把握技术进步的趋势，加快技术融合发展的进程，把技术创新力转化为经济成长力，推动实体经济提质增效，实现高质量发展。一是明确“数实融合”的着力点。“数实融合”不是数字经济+实体经济，而是内生的融合，主要体现在：体系化重构、机制化转型、生态化重组、效率化提升。为此，要准确把握“数实融合”的着力点，在“深度融合”上持续发力。二是把握“数字融合”的关键点。突出以赋能传统产业升级为重点，利用“5G+工业互联网”推动实现全产业链优化升级，加快推动建设现代化产业体系。制造业是工业互联网应用赋能的主阵地，其在生产环节的管控普及程度已达45.5%，从根本上提高了制造业质量、效率和企业竞争力。

3. 加快“数实融合”战略布局。一要强化目标引领。全面提升数字技术、数字经济和实体经济融合的广度和深度。“十四五”期间，数字经济核心产业增加值占地区生产总值比重快速提升，数字经济增加值年均增速保持在合理水平。二要强化基础设施支撑。全面推进新型基础设施建设，建立完善高速、安全、泛在的新一代信息基础设施；构建布局合理、云网协同、绿色节能的算力基础设施；以及高可靠、广覆盖、全连接、可定制的工业互联网基础设施。三要强化数字技术创新。在人工智能、区块链、高性能计算、未来网络等领域的关键技术上实现新突破，形成一批核心产品，加快建设数字科技创新载体。四要强化数字经济能级。进一步优化数字经济结构，推进数字化、智能化深入发展，建设一批智能工厂、数字化车间。五要强化区域协同联动。重塑产业体系优势，再造区域体系功能，建立区域数字化共同体，推动区域产业协同发展。

4. 把握“数实融合”的几个关系。一要把握技术增量与产业存量的关系。不能把“数实融合”简单理解成为以增量替代存量，更不能理解为规模淘汰过程。“数实融合”是通过数字技术向产业领域不断渗透，持续提升产业能力的过程。没有技术赋能产业水平无法提升，而没有产业支撑技术赋能就无的放矢。特别是对于传统产业领域而言，“数实融合”要准确把握技术增量和产业存量之间的关系，把促进产业优化升级放在更加突出位置。二要把握短期目标和长期目标关系。不能只顾当前，不顾长远，只追求眼前的“轰动效应”，不考虑长期战略利益。“数实融合”既要考虑短期效应，又要兼顾长期利益，着眼于产业体系现代化和竞争力提升进行战略布局。三要把握定性目标和量化指标的关系。“数实融合”不能笼而统之，大而化之。要有明确的目标定位，这样才能充分发挥目标引领作用；还要确定可量化指标，这样才能成为一种约束，才能把目标变为现实。要加大量化指标考核力度，使产业数字化转型真正落到实处。四要把握同一性和差异性的关系。“数实融合”具有趋同发展特征，资源往往向优势区域和热点领域集中，形成集聚发展态势，放大成规模效应和极化效应。后发地区在短期内很难形成这样的趋同环境和集聚效果，其发展的“数字落差”和数字化差异性比较明显。因此，“数实融合”要考虑不同地区和产业的特点，采取差异性的政策措施，提供一些有针对性的办法。例如在重点老工业城市，产业优势虽然明显，但数字生态差距较大，“数实融合”的条件具有明显的差异性。应当在遵循同一性的同时，采取特殊的有针对性的政策。加大鼓励创新、强化激励的力度，提高对数字企业的吸引力。

（二）加快推进“数绿融合”

推动数字化绿色化协同转型，是工业化向数字化转型日渐凸显的问题，也是全球共同面对的重大课题，是关乎可持续发展的大趋势。“双转型”既紧密结合，又同步推进，共同推动经济社会深层变革。

1. 时代文明的重大命题。工业文明奉行竞争最大化，追求经济规模扩张，在加快经济发展的同时，也带来一系列环境问题。数字文明坚持协同最优化，以共生协同为核心要义，不仅人类命运与共，人与自然也要和谐共生。不仅发展中国家，发达国家也同样面对这一问题。我国正处在转型发展的关键阶段，既面临经济社会全面数字化转型，且转型速度正在加快，也面临绿色化转型的紧约束，碳达峰、碳中和目标的倒逼机制，使得绿色化转型时不我待。

2. 数字化与绿色化转型含义。数字化转型就是用数字技术对企业生产流程进行系统化改造，以建立一个富有活力的数字化商业模式。绿色化转型主要是指在生产和消费模式方面的根本性转变，使人类社会的发展轨迹和地球环境的自然规律重新合轨。包括倡导气候友好的生活方式、维持生物多样性及重视环境成本等可持续发展方式。

3. 数字化绿色化协同转型的关系。首先，数字技术可以在实现气候中和、减少污染和恢复生物多样性等方面发挥关键作用。据中国信息通信研究院预测，数字化降碳贡献度将达到12%~22%。通过精确测量以及自动化操作，机器人和物联网等技术，可以有效提高资源的利用效率和生产网络的灵活性。数字产品护照则可提高材料和组件端到端的可溯性，增强数据的获取程度，有助于建立可行的循环商业模式。数字技术还可以监督、报告和验证温室气体的排放，进而实现碳定价。除此之外，数字孪生技术还可以在促进创新和设计方面提供可持续性更高的模拟操作流程，而量子计算则让极端繁杂的模拟功能步入现实。其次，向绿色化转型也赋予了数字行业巨大的协同效应。可再生能源、核能和核聚变等新能源技术，在数字领域能源需求不断增加的背景下，都将发挥更加突出的作用。到2030年，欧盟通过制定旨在实现碳中和以及提升数据中心和云基础设施能源消耗效率的一系列政策，将支持实现包括大数据分析、区块链和物联网等在内的数据技术全面绿色化。

4. 为什么要加快推进“数绿融合”？一方面通过数字化赋能可全面提升绿色发展水平，建立完善的绿色发展体系。据环保组织报告，ICT技术可将全球二氧化碳排放量减少20%，具有10倍碳杠杆效应；另一方面，通过绿色加持形成数字生态文明。事实上，数字化并不等同于绿色化。相关数据显示，目前仅信息通信技术就消耗全球约5%~9%的用电量，同时产生约3%的温室气体排放。因此，必须推动绿色化、数字化双转型，拓展产业新形态。

（三）深入推进“数社融合”

加快五位一体融合发展。《“十四五”数字经济发展规划》明确提出“加快数字化发展”，其着眼点是“推动各领域数字化优化升级”，协同推进数字经济发展和数字社会建设。近年来，我国数字经济进入加速发展阶段，《数字中国发展报告（2023年）》显示，2023年数字经济核心产业增加值占GDP比重已达10%，人工智能核心企业数量超过4500家。《“十四五”数字经济发展规划》明确：到2025年迈向全面扩展期，2035年迈向繁荣成熟期。

与之相比，数字社会建设存在一定的“落差”，数字化赋能经济社会各方面还存在不平衡不充分的问题；数字化推动跨领域、多主体协同创新合力不足；数字社会建设的碎片化现象比较明显。为此，要在继续做强做优做大数字经济的同时，深入推进社会数字化发展。利用我国全球规模最大、技术领先的网络基础设施优势，以及人工智能、云计算、大数据、区块链、量子信息等新兴技术创新优势，不断提高经济社会协同数字化水平，提高数字中国建设的整体性、系统性、协同性。

推进数字技术与经济、政治、文化、社会、生态文明建设“五位一体”深度融合。在数字经济层面，要继续做大做强，推动数字技术和实体经济深度融合，加快数字技术创新应用；在数字政务层面，要高效协同，强化数字化能力建设，促进信息系统网络互联互通、数据按需共享、业务高效协同；在数字文化层面，要自信繁荣，大力发展网络文化，建设国家文化大数据体系，形成中华文化数据库，提升数字文化服务能力；在数字社会层面，要普惠便捷，促进数字公共服务普惠化，推进数字社会治理精准化，深入实施数字乡村发展行动，普及数字生活智能化；在数字生态文明层面，要绿色智慧，推动生态环境智慧治理，加快数字化绿色化协同转型，倡导绿色智慧生活方式。

在更广维度上推进“数社融合”，要求把数字技术深度融入社会发展，以数字化驱动生产生活和治理方式变革。通过发展数字文化、数字政务、互联网+社会服务，催生数字应用新场景，拓展融合发展新路径。例如数字健康领域，社会关联面宽，产业领域广阔，有很多新增长点。随着健康需求爆发式增长，健康数字化将成为“数社融合”的新亮点。

六、数字化推动就业模式创新

随着数字化向经济社会领域广泛渗透，在加快数字化发展的同时，也推动经济社会深层变革，不断创新就业模式。

（一）数字化催生零工经济

数字技术快速发展带来双重效应，一方面对传统就业格局提出挑战。就如同工业化时期“机器排挤人”一样，数字化带来的是“智能化代替人”。据经济学家调查，预计到2027年，技术革命将改变23%的工作，44%的技能需要更新。另据高盛预测，若人工智能技术达标，美欧约1/4的岗位将自动化，全球约1/5的劳动力将受到影响，这意味着大型经济体中的3亿全职工作岗位将面临自动化的威胁。当然，世界经济论坛也作出积极的估计，到2025年机器将取代8500万个工作岗位，同时，技术进步以及机器人与人劳动关系的变革会在未来创造9700万个新岗位。与此相适应，零工经济应运而生，并成为新就业现象。

所谓零工经济是指以短期合同或自由职业为主要特征的劳动力市场及衍生业态。在传统经济模式下，零工被视为个体经营者、自由职业者或独立承包商等非长期性工种。而在数字经济模式下，零工泛指由互联网平台所提供的临时性雇佣关系，双方不受任何长期条文约束，报酬可按周结、日结甚至按小时计算。典型零工种类包括拼车、外卖、快递和搬家等。通常而言，零工工人按工作时长可以分为全日制零工、兼职零工和不定期零工三种。

（二）零工经济新趋向

值得特别关注的是，随着数字技术加持和平台效应放大，推动以个性化选择为特点的“零工经济”快速发展，不仅在规模上呈现持续升级态势，而且也在逐渐扩大供需两端的覆盖范围。在未来的发展路线中，互联网平台将继续承担起零工信息发布和匹配的关键中介功能，平台经济和零工经济将进一步深度绑定。更多基于平台的、跨不同技能水平和行业的工作岗位，成为零工的目标选择。同时，零工平台的国际化也将得到进一步拓展。通过数据互联、人才互联以及云端平台操作，国别将不再成为限制零工工人涉足该行业的硬性限制。零工工作的发起者可以来自世界的任意角落。同样，该工作的承接人也同样可以进行全球匹配。尤其对于 IT 以及软件服务领域，全球性零工工作的进一步开放将非常有助于中小型企业降低人力运营成本，并能按具体工作内容匹配合适的零工雇员。

万事达研究数据也显示，2018 年全球零工经济的总产值超 2000 亿美元，并预测这一数字在 2023 年会增至 4550 亿美元，平均年复合增长率为 17%。2019 年美国从事独立性质工作（含互联网零工）的满 18 岁人口数量预估达 5700 万，已接近美国传统就业人数（1.55 亿）的 1/3。另据 Pew Research2021 年发布的数据，仅依赖互联网平台零工岗位为主要收入的人口数量，在美国和欧洲分别达到 800 万和 700 万的规模。可见，零工现象和零工群体已经成为数字社会新就业形态。

（三）我国零工经济发展态势

随着社会生活的数字化，特别是线上消费规模化增长引致快递业务量倍增，导致灵活就业增势不减。据统计，我国新就业形态劳动者 8400 万人，其中快递业从业人员总数约 490 万人。而且随着线上消费与日俱增，线下配送参与人数也增势不减，这也成为我国就业模式的新常态。

特别是随着以“新电商”为代表的线上消费日益火爆，线下配送量剧增，与之相关的零工群体成为数字经济模式下的重要就业力量。同时，零工平台的动向对社会的安定和居民就业具有举足轻重的影响。面对个体零工，它创造了相对稳定的收入途径；面对消费者，它产生了服务替代方案，使他们在零工平台与传统服务提供商之间的竞争中受益；面对雇主，零工劳动力供应和技术的结合扩大了外包工作的选择范围，提高了生产效率。

随着生成式 AI 技术的广泛应用，在未来 10~20 年的就业市场中，将会有越来越多的行业岗位发生结构性变化，“终身固定”岗位的概念越发淡化，人力资源的应用方式越发灵活，零工模式的市场潜力越发显现。

七、提升全民数字素养和技能

随着数字经济认知程度的提高，促进全社会加快形成数字意识、数字理念、数字逻辑和数字自觉，这将从更深层次上助力数字经济健康发展。欧盟的“数字十年”提案中明确，鼓励欧盟和成员国采取实际行动，在 2030 年以前，让至少 80%的欧盟人口具备基本的数字技能，并将 ICT 专业技能人员的数量增加至 2000 万（约占总就业人数的 10%），且基本消除性别间数字技能方面的差异。

我国明确提出提升全民数字素养和技能。为此，中央网信办等四部门联合印发了《2024 年提升全民数字素养与技能工作要点》，明确了年度工作目标：到 2024 年底，我国全民数字素养与技能发展水平迈上新台阶，数字素养与技能培育体系更加健全、数字无障碍环境建设全面推进，群体间数字鸿沟进一步缩小，智慧便捷的数字生活更有质量，网络空间更加规范有序，助力提高数字时代我国人口整体素质，支撑网络强国、人才强国建设。

同时，提出六个方面的工作要点：一是培育高水平复合型数字人才；二是加快弥合数字鸿沟；三是支撑做强做优做大数字经济；四是拓展智慧便捷的数字生活场景；五是打造积极健康有序的网络空间；六是强化支撑保障和协调联动。

提升全民数字素养和技能，这是顺应数字时代要求，全面提高我国数字经济发展水平，提高数字竞争力的关键。在这方面，企业家要率先行动、自觉走在前面。

（一）为什么要提高数字素养和技能

简单说，这是数字新时代企业家的必修课，是企业竞争力之根本。当前，数字化加速演进，新技术、新业态、新场景层出不穷。特别是随着数字经济进入数据驱动发展新阶段，未知领域进一步扩大，不确定性因素成倍增加，对企业运营发展提出全新挑战。例如生成式人工智能的广泛应用，其颠覆性影响正在深刻改变人们的认知世界，重塑现实发展逻辑。

如前所述，在数字化大潮中，企业“要么数字化、要么被数字化”。企业家也面临主动数字化和被数字化的抉择。企业家是时代的“弄潮儿”，变革的先行者，在时代之变、文明转型的关键时刻，要以提高数字素养和技能为优先战略选项，加快形成数字化能力和创新发展优势。

所谓数字素养，主要体现在数字意识、数字理念、数字思维、数字自觉四个方面。所谓数字技能，主要是指与数字化相关的综合能力，包括基础性数字技能和颠覆性数字技能。数字素养和技能的提升，其目的就是要打造数字化人才队伍，全面提高全社会数字化发展水平。

（二）为什么要突出强调提高企业家数字素养和技能

提高企业家的素养和技能是有效应对数字化带来的挑战，保持企业竞争力、实现可持续发展、形成战略主动的必然选择。

1. 适应数字化变革的需要。随着数字技术的迅速发展和广泛渗透，各类业务和市场越来越依赖数字技术。如果企业家不具备相关的数字素养和技能，就很难把握市场趋势和机会，也会影响企业的长远发展。

2. 优化决策流程的需要。企业家需要处理大量的数据和信息，对这些数据的理解和分析能力将直接影响到决策的效果。提高数字素养可以帮助企业家更好地理解数据，做出理性的决策。

3. 提高企业综合运营水平的需要。数字技术可以大大提高工作效率。企业家如果能熟练使用这些工具，不仅可以提高决策效率，而且会提高企业的运营水平。

4. 提高市场洞察力的需要。数字素养使企业家能够更好地理解和分析市场趋势。通过社交媒体分析、在线市场研究和消费者数据分析，他们可以更准确地识别目标市场和客户需求，利用数字化策略来满足这些需求，提升客户体验感和满意度。

5. 提高创新能力和竞争力的需要。数字素养和技能不仅有助于完善现有的业务流程，也可以推动企业创新，开发新的产品和服务，全面提高企业的竞争力。

6. 提高领导力的需要。企业家的数字素养和技能会对整个组织产生深刻影响。如果企业家具备高水平的数字素养和技能，就能更有效地领导和管理团队，全面提升组织的数字化能力。

总的来说，提高企业家的数字素养和技能是适应时代变革、营商环境变化的必然选择。

（三）如何提高企业家数字素养和技能

1. 教育和培训。主动参加各种形式的数字技能以及数据分析的交流与培训。通过参加这些活动，企业家可以系统地学习和提高自身的数字素养。也可以通过“学习社区”，与其他同行交流知识和经验，共同探索数字化转型的最佳实践。

2. 自我学习。有很多在线平台提供数字技能相关的知识，企业家可以根据自己的需要选择合适的内容，不断提升自己在现代科技如云计算、人工智能、机器学习等领域的技能，以跟上技术发展的步伐。此外，还应具备数据技能，即理解并使用数据的能力。

3. 实践运用。只有将学到的技能运用到实际工作中，才能真正提高数字素养。企业家应该通过具体的项目应用学到的技术知识，通过数据分析技术去解析业务数据，或者用新的数字工具去管理项目。学会依赖数据分析和洞察，而不仅仅是直觉或经验。

4. 形成数字文化。在企业内部建立一个鼓励学习和使用数字技术的文化氛围，可以帮助企业家和员工一起提高数字素养。

5. 建立数字团队。企业家可以通过创建跨部门的数字团队来推动全公司的数字化进程，以提高整个组织的数字素养。

提高数字素养和技能是一个持续的过程，需要坚持不断地学习和实践。尽管可能需要付出一些时间成本，但在数字化背景下，这对企业家来说是一项非常有价值的投资。

（四）要通过数字化改革来推进

工业时代和工业文明塑造的工业化模式、形成的工业化思维，其影响之深、范围之广，非一朝一夕可以改变。特别是在企业层面，运行的惯性已成常态，行为模式业已成自然，改变起来并非易事。所以说，数字化无异于一场深层次社会变革，只有通过数字化改革才能实现。

数字化改革主体是人，首先是人的数字化，只有人的数字理念、数字意识普遍形成，才能转化为数字化的强大行动力。为此，要立足于培育全民数字意识、提高全社会数字素养和技能，形成更广泛的数字自觉，在更深层次和更广维度上推动数字化改革走向深入。

数字化改革就是要打破现有格局，从习惯的模式、稳定的格局、固有的成式入手进行突破，核心就是要走出“舒适区”，开辟新赛道。这既是企业数字化发展的先行条件，也应当成为企业家的基本遵循，同时也是企业家的远见卓识和战略抉择。

八、AI 大模型引领数智化未来

自 2022 年底 ChatGPT 发布以来，人工智能大模型涌现出的新能量，在催生大量“新物种”的同时，引发新一轮数字技术体系竞争，AI 大模型成为引领数智化未来的重要变量。2024 年 1 月份，达沃斯世界经济论坛重要议题之一就是把握新兴技术的未来以及如何对其进行合理利用。

（一）AI 技术催生大量“新物种”和新应用

受技术迭代和需求驱动影响，AI 大模型应用创新节奏进一步加快。

2022年11月30日ChatGPT面世，仅仅105天后功能更加强大的GPT4上线，并引领AI技术与应用迅速发展。2024年2月16日，OpenAI发布首个AI视频生成模型——Sora，这是具有里程碑意义的重大突破，在视觉生成领域即将发生技术和商业革命。随着新技术、新应用层出不穷，人类已经感受到AI“奇点”的临近。在相关开源社区，几乎每天都有新的模型演化出来，大量新物种不断涌现。初步统计，目前国外已形成上千个AI原生应用，正在构建多元生态。据此高德纳咨询公司预测，到2026年，超过80%的独立应用开发端将会把AI植入自己的应用。截至2023年10月，我国也已发布超过250多个大模型，规模化应用正在全面展开。

开源模型是全球AI大模型竞争的重要赛道。AI大模型开源重构了技术创新生态，改变了AI商业进程和格局，是全球AI创新和产业化的关键。根据ARK的研究，2030年生成式AI将使知识工作者的生产力提高4倍以上，在100%采用AI的情况下，全球劳动生产率将提高约200万亿美元。根据麦肯锡报告，生成式人工智能有望为全球经济贡献约7万亿美元的价值。

强大的公共云平台和芯片研发制造能力是AI发展的重要基础设施，是AI发展的核心路径，也是竞争的焦点所在。在这方面，美国拥有全球最大的公共云计算市场，最具竞争力的云计算公司和富有活力的云计算技术生态，并形成明显的竞争优势。同时，美国也拥有全球最为完整的芯片研发制造产业链，并不断在美国本土加码精微芯片的制造能力。2024年2月9日，美国多部门联合宣布将对美国国家半导体技术中心（NSTC）注资50亿美元，旨在通过由公立机构带动私营企业的路径，加大政府对AI技术的投资力度，加快AI方向创业者从立意到落地的执行速度。美国半导体行业协会（SIA）的统计数据显示，在政府的政策激励下，自2020年春季以来全美已有超过35家企业承诺投资近2000亿美元用于芯片相关的制造项目，用于23个新芯片工厂的建设以及9个现有芯片工厂的扩建工程，发展力度前所未见、未来影响难以估量。而我国整体上仍处于快速跟进发展过程中。华为《计算2030》报告曾指出，到2030年，全球通用算力预计总量约为 2020 年的 10 倍，而 AI 计算总量约为 2020 年的 500 倍。我们无论在技术含量上还是在算力总量上以及预期增量上，均存在较大落差，特别是关键领域的短板制约还比较明显。

人才供应是维持 AI 发展水平的根本保证。越来越多的高等院校开设 AI 方向相关专业，出现了 AI 求学和研发人才日渐向优势高地聚拢现象。Macro Polo 的研究报告显示，全球 60% 的顶尖人工智能研究人员来自美国，而其余的 40%则零散分布于其他地区，美国的 AI 人才储备实力最为雄厚。硅谷是美国 AI 发展的主动力源，旧金山大湾区每个月都有 100 场左右与 AI 研发投资相关的线上线下活动，充分利用其人脉和风险资本的优势探寻每一个 AI 未来发展触角区域的人才所在。而 AI 技术的应用大大提升了 AI 领域的人才匹配效率，受训后的算法可以快速处理大量数据，消除烦琐的人工审查步骤，快速提取和识别与岗位最为匹配的 AI 人才。

开源社区是 AI 创新和产业化的重要支撑，是 AI 生态创新基础。而开源框架是一个国家 AI 创新和产业化能力的重要标志。目前，美国开源框架数量是中国的 9 倍之多，主导着全球 AI 开源体系。其关键在于开源社区要大幅降低 AI 使用门槛，吸引大量开发者参与，降低模型迭代升级成本。从现实情况看，在开源平台方面，我们与国外的差距也比较明显。排在前六名的开源平台全部由国外科技企业提供，国内人工智能研究使用比较多的如谷歌、META、亚马逊、微软、IBM 的开源平台。虽然国内阿里云智能等企业也在推动开源平台，但其全球影响力和市场规模还存在明显不足。这既是我们需要认清的现实，也是要奋起直追的目标所在。

（二）数字化创新驱动智能化发展

人工智能驱动的创新不再重复 PC 时代的软件或移动时代的 App，而是通过自然语言交互，并充分利用理解、生成、推理、记忆等过去不具备的能力，解决新问题、开拓新场景。以深度学习、特别是大模型技术为代表的新一代人工智能技术，发现新的科学规律，加速科研成果转化，推动形成数字化创新。

过去创新通常被解读为“技术创新”，这甚至成为一种认知范式。而在数字化条件下，创新的真正含义是“新的联系”。这是一个全新的概括，揭示了数字时代创新的本质属性，更加体现了数字化互联互通的核心要义。

如何形成新的联系？需要正确的认识和灵活的思考才能创造出新的联系，并通过跨界链接多样化人才和企业来创造新的价值。通过“新的联系”更加体现高度互联世界的基本要求，深刻改变创新要素的组合方式和互动方式，并将对创新的关联性产生持续的影响。

不同技术之间的集成与融合是未来发展的趋势，AI 大模型本质上就是一种智能链接，比如 AI 与物联网的结合，不断创造融合的新场景、新形态，其融合性使得创新和成果转化呈现“直接一体化”趋势。通过发散思维，把不同想法联系起来，提高人类的创造力，支持创意细化，提出前所未有的解决方案。更加体现从封闭式边界思维到开放式跨界融合；从跨技术的融合到跨业态融合以及研发机构间的深度融合。推进融合创新延伸至更广领域，创造多元一体的创新模式。

从这个意义来认知，数字化创新同时体现为“社会创新”，创新从小众趋向群体化，从独创到共创、从创意开放到过程开放、从个体优势到群体优势、从现实空间体系到线下线上相结合，形成全流程开放创新。围绕核心创意，深入理解不同领域间的交叉关系，展现出更有开创性的设计。集各方力量共同参与，鼓励与其他企业和组织进行合作。因为数字化条件下，创新已不再是个体行为，需要创新主体多方参与，创新要素适配组合，通过协同发力的高效合作，促进机会共享、成果共创。这是数字化发展题中应有之义，也是数字化共生协同的本质要求。

在智能技术背景下，数字化创新呈现新特点：1. 集科学创新与技术创新于一体，也就是科学领域与技术创新领域的紧密结合。2. 从渐进式连续性思维到非连续性生态思维，通过持续创新，形成优良创新生态。3. 数据驱动，把大数据分析贯穿创新全过程，确保创新精准对接需求。4. 开放创新与价值共创。所谓开放创新，主要指创新过程的开放性。一是由外而内地整合外部知识和相关人才；二是由内而外地强化对外关联投资，实现创新外部商业化；三是放大合作效应。形成创新联盟或创新网络，提高其融合性。所谓价值共创，就是要让利益相关者积极参与创新全过程，共创价值、共享成果。

正是在这个意义上说，“数字化正在以不同的方式改造价值链，并为增值和更广泛的结构变革开辟新的渠道”。数字化创新引发系统性变革，从更深层次和更广维度推动经济高质量发展。数字化视域下的高质量发展，更加体现通过数字技术迭代演进，推动“成本效率和时间效率最大化”，并超越以效率和生产力为唯一目标，更加强化发展对社会的贡献度。特别是“人机合作”的推行，将重构创新逻辑和发展思维，卓有成效地推动创新成果转化为现实生产力，推动经济高质量发展。这一切仅仅是开始，有预测指出，到 2035 年，神经形态计算、DNA 计算、量子计算等科学问世，将加速从生成式人工智能向超级人工智能的转变，从更高水平上推动高质量发展，从真正意义上重塑世界新未来。

数字化创新不仅仅是技术层面的新突破，还推动了发展方式的全面创新，在强化智能化应用的同时促进形成更加高效、智能、可持续的发展模式。如智能制造的应用可以通过精准控制生产过程，优化生产流程，减少资源浪费，提高产品质量。此外，数字化还促进了新业态的发展，比如智能经济、数据经济、共享经济和在线服务等，这些新业态为经济发展提供了新的增长点，也为高质量发展提供了重要支撑。

当前，人工智能驱动科学研究，通过数据共享，推进场景化创新，正在重新定义创新，伴随着算法、算力、数据的融合发展，创新在更广维度、更深层次全面展开。

（三）第三次“数实融合”实现智能协同

推进数字技术和实体经济深度融合，这是数字化发展的重要路径。随着 AI 大模型技术的应用，赋予“数实融合”新内涵并推动形成第三次“数实融合”深入发展。从我国数字化发展的实践看，三次“数实融合”

虽然尚未有清晰的界定，但从其技术基础和主要融合领域及其重点来看，似可以粗略地做如下区分：

第一次“数实融合”侧重于“产业数字化”，主要体现在用数字技术改造提升传统产业，这是量大面广的数字化转型过程。由于不同区域和产业领域的基础不同，其“数实融合”路径和方式也不尽相同，融合效果的差异性比较明显。但总体上体现数字赋能实体经济的效能，使得企业通过导入数字技术实现了关键领域和重要环节改造提升，产业数字化效果比较明显。如前文所述2022年，我国产业数字化增加值约为41万亿元，同比增长10.22%，占GDP比重41.5%。同期，我国三次产业渗透率分别达到10.5%、24.0%、44.7%，其中制造业数字经济渗透率为24%，比2016年增长6.2个百分点。在此基础上，工信部要求，到2025年企业经营管理数字化普及率达到80%，关键工序数控化率达到68%。这将大幅提升产业数字化水平，切实推进“数实融合”走深走实。

第二次“数实融合”重点突出“协同推进数字产业化和产业数字化”，主要体现在通过数字化实现产业流程再造。这是产业整体转型升级的关键，要从工业化流程转型到数字化流程，需要对产业体制机制进行根本性改造，适应数字化要求再造流程、重构体系，实现效率优先的“现代化+数字化”的产业模式。2022年，我国数字产业化增加值规模达9.2万亿，比上年增长10.3%，占GDP比重为7.6%。数据显示，2023年数字经济核心产业销售收入同比增长8.7%，比2022年提高2.1个百分点。全国企业采购数字技术同比增长10.1%，比2022年提高3.2个百分点。表明企业层面“数实融合”力度进一步加大，企业的主动性明显提升。

第三次“数实融合”就是运用AI大模型实现产业体系智能优化。从创意到创新、从生产到市场、从组织到服务，全体系智能优化，重在营造产业新生态、智能化新场景。随着大模型的广泛应用，未来10年最大的机会就在于云、AI与物理世界的融合。因此，数智化成为第三次“数实融合”的典型特征。也就是要围绕“产业智能化”，推动“AI大模型+制造业”融合创新，促进AI大模型以更低门槛、更高效率，打通制造业的一个个数据断流节点，推动数据在研发、生产、配送、服务等环节高效畅通流动，从更深层次推进数实深度融合发展，全面提升我国智能制造水平。

目前，我国在制造业智能化方面具备一定基础。数据显示，5G 应用已融入 97 个国民经济大类中的 71 个，工业互联网覆盖全部 41 个工业大类，由此形成的丰富应用场景，为 AI 大模型规模化应用和第三次“数实融合”奠定坚实基础。

可预期的是，AI 大模型可以强化我国制造业规模大、门类齐、链条全、应用场景丰富等基础优势，在加速生产过程智能升级的同时，可以强化组织协同，推动实现“智能协同生产”。从生产制造各环节的协同到产业链上下游的协同，实现产品设计、制造等环节的并行发展。同时，可以把人从重复性的工作中解脱出来，从而将更多的创造力和精力投入到更高价值的生产工作中，整体提升智能协同生产力。

九、以新质生产力引领制造强国建设

加快发展新质生产力要真正学懂弄通，深刻理解其重要思想内涵和重大现实意义。要把着眼点放在发展上，以新质生产力引领制造业集成创新、领先发展，走出一条高水平制造强国之路。要从实际出发，围绕升级传统产业、壮大新兴产业、布局未来产业协同发力。做大产业、做强企业、做优生态。

（一）新质生产力的创新意义

新质生产力是习近平经济思想的重大创新，是生产力理论的丰富和发展，是建设现代化产业体系、实现高质量发展的基本遵循。

其创新意义主要在于，第一，对生产力本质的深刻揭示和高度概括。从“先进生产力”到“新质生产力”，反映了从“势态”（趋势性变化）到“质态”（质的有效提升）的跃升，更加体现集成性、体系化。第二，发展新质生产力要求新型生产关系与之相适应。生产力决定生产关系，生产关系反作用于生产力，二者相互作用、相辅相成，只有协同发力才能推动经济社会协调发展。第三，新质生产力与高质量发展相对应，更加体现新质生产力对高质量发展的重要支撑作用，强调了只有加快发展新质生产力，才能真正实现高质量发展。

（二）新质生产力的核心要义

新质生产力是由技术革命性突破，要素创新性配置，产业结构性优化催生的当代先进生产力。

技术革命性突破：科学技术是第一生产力。新质生产力首先是技术革命性突破催生的，新一轮科技革命推动科技要素加快变革和迭代，正在深刻改变人类社会的生产方式和发展模式。

要素创新性配置：创新是第一动力。新质生产力是生产要素创新性配置的结果，是创新起主导作用、对经济社会发展影响广泛而深远的前沿科技创新驱动而成的。

产业结构性优化：新质生产力源于产业深度转型升级，以全要素优化组合、整体跃升为标志，体现了产业革命的大趋势，在传统产业转型升级的基础上，战略性新兴产业和未来产业日益成为产业发展的主动力，成为培育和发展新质生产力的主阵地。

新质生产力以数字化为关键力量和实现路径，数字技术、数据资源成为关键生产要素，从底层改变传统生产力发展的基本逻辑。以数字技术催生新质生产力，以数字变革赋能经济发展。

（三）新质生产力引领制造强国建设

制造业是我国的立国之本、强国之基。任何时候中国都不能缺少制造业，中国式现代化不能走脱实向虚的路子。

实体经济为本、制造业当家，国家命脉之所系。制造业高质量发展是我国经济高质量发展的重中之重。建设社会主义现代化强国，发展壮大实体经济制造业是重要支撑。

随着加快发展新质生产力，制造强国建设更是成为重要着力点。2024年《政府工作报告》进一步明确：要实施制造业重点产业链高质量发展行动，实施制造业技术改造升级工程，培育壮大先进制造业集群。

面对新一轮科技革命和产业变革，强化新质生产力引领作用，推进制造强国建设要重点关注以下几个方面：

1. 推动科技创新与产业创新深度融合。建立以企业为主导、需求为牵引、产学研协同创新的科研成果转化机制，着力强化制造强国建设的科技支撑能力，加快形成以科技创新引领产业创新的新优势。

2. 坚持新兴产业和传统产业融合发展。以技术改造和数字化为抓手，加大传统产业转型升级的力度，打造独具特色的产业集聚区，形成一批战略性新兴产业和未来产业集群，成为新质生产力集聚发展的高地，彰显制造强国建设优势。

3. 打造具有全球影响力的科创中心。成为新质生产力的策源地，为制造强国建设提供强有力的技术支撑。“构建上下游紧密合作的创新联合体，促进产学研融通创新”。打造面向全球的双向开放枢纽，推动国内外高端要素高效集聚、配置、增值，不断提高聚合力，为新质生产力提供资源支撑。

4. “因地制宜发展新质生产力”。要从国情实际出发，通过融合发展促进产业高端化、智能化、绿色化。

5. 打造数字经济高地。以数字技术赋能产业发展，促进“数实融合”深度发展；开展人工智能+行动，打造具有国际竞争力的数字产业集群；全面推进制造业数字化转型，加快工业互联网规模化应用，推动广泛深入的数字变革，全面提升数字化水平，更好发挥新质生产力对制造强国建设的强大推动力和支撑力。

6. 要以深化改革为动力。着眼于加快形成与新质生产力相适应的新型生产关系，打通制约优质生产要素流动的堵点卡点，激发各类生产要素活力，提升先进优质生产要素配置能力，为发展新质生产力提供强有力支撑，为制造强国建设奠定坚实基础。

十、推动区域数字经济生态体系建设

我国数字经济率先从企业发端，逐步向区域延伸，在此基础上推动形成区域数字化发展优势。顺应数字经济发展进程，把握数字化发展趋势，要在加快推进数字经济高质量发展的同时，协同推进产业数字化与区域数字化。通过产业数字化驱动区域数字化，营造数字经济发展的生态环境，加快形成区域数字经济生态体系，这样才能不断把数字经济发展推向深入，把数字化优势转化为区域经济发展新动能，推动形成区域数字经济的集成优势。

2024 年 5 月，国家发展改革委等四部门联合印发了《关于深化智慧城市发展推进城市全域数字化转型的指导意见》，围绕打造智慧城市的升级版，明确提出全领域推进城市数字化转型、建立城市数字化共性基础，促进新型产城融合发展；全方位增强城市数字化转型支撑、建设完善数字基础设施，构建数据要素赋能体系；全过程优化城市数字化转型生态，推进数字化制度创新；创新运营运维模式，推动数字化协同发展。

这是面向未来城市构筑竞争新优势的关键之举，也是营造区域数字化新生态的重要举措。以数据融通、开发利用贯穿城市全域数字化转型建设始终，对于更好地服务城市高质量发展、高效能治理、高品质生活，支撑发展新质生产力，推进中国式现代化城市建设具有重要意义。

我国长三角、珠三角数字经济先发地区，已经走过产业先行数字化发展阶段，开始进入产业与区域一体数字化发展新阶段。通过产业数字化创造区域数字化的基础，通过区域数字化营造良好数字化生态，推动形成区域数字经济生态体系。

需要指出的是，区域数字经济生态体系，不能局限于一产一企、一城一区的数字化，而是要通过系统集成、整体优化，形成区域数字经济发展新生态，在此基础上构建区域数字经济生态体系。这既需要产业数字化的基础支撑，也需要区域数字化良性互动，共同营造区域数字经济生态环境。

加强区域数字经济生态系统建设是数字化的本质要求。数字经济的核心要义是共生协同，其突出特征就是一体化、融合化、体系化。随着数字经济发展从企业、产业向区域延伸，更加要求互联互通，协同融通发展。在此基础上形成整体优势，放大数字经济的极化效应。

加强区域数字经济生态体系建设是“数字中国”建设重要路径，是提高“数字中国”建设的整体性、系统性、协同性基本要求，是全面推进“五位一体”（数字技术与经济、政治、文化、社会、生态文明建设）深度融合的具体实践。

国外成功的区域数字经济生态体系形成，通常具备强大的技术基础设施、创新的商业模式、有效的政府政策和法规支持，以及活跃的创业环境。

美国硅谷：作为全球科技创新的象征，硅谷汇聚了大量高科技公司、创新公司和风险投资公司。其成功归功于多元化的人才、开放的创新文化以及与斯坦福大学等顶尖学术机构的紧密联系。

以色列特拉维夫：特拉维夫是以色列的科技创新中心，有“创业国”的称号。政府的有力支持、活跃的风险投资市场和强大的创新文化促进了创新生态建设和体系化发展。

印度班加罗尔：班加罗尔被认为是“印度的硅谷”，是该国主要的 IT 出口中心。强大的教育系统、英语能力和成本优势促使许多跨国公司在此设立研发中心。

新加坡：政府采取了积极措施推动数字经济生态体系建设，包括大力投资于基础设施和教育。同时，新加坡也是许多数字和金融科技公司的亚洲总部所在地。

虽然每个地方的生态系统都有其特定的驱动因素，但共同的成功要素包括创新的文化、活跃的投资环境、强大的教育体系和有远见的政策支持。

第四章

数字赋能新型城镇化发展

我们已经开启数字时代，兴起数字文明。必须从时代高度和文明角度加深认识城镇化，加大数字赋能力度，推进城镇化创新发展。在数字化深入发展的大背景下，数字赋能新型城镇化成为核心主题，并且赋予城镇化新内涵。我们需要从数字维度、数字逻辑来认识城镇化发展，进一步深化城镇化的内涵。这样才能适应数字化发展趋势，卓有成效地推进城镇化发展。

一、从数字化维度认识新型城镇化

改革开放以来，市场化改革和工业化发展推动了城乡人口流动和城镇化规模发展，激活了经济发展内生动力和发展潜力，活跃了城乡市场，进一步优化了城乡人口结构。在此基础上，我国制定了《国家新型城镇化规划（2014—2020 年）》，从发展全局高度总体规划城镇化发展。新型城镇化突出以城乡统筹、城乡一体、产城互动、节约集约、生态宜居、和谐发展为特征，目标就是要建设以人为本、四化同步、优化布局、生态文明、文化传承的中国特色新型城镇化。

2024 年 4 月，中央网信办等六部委印发了《数字乡村建设指南 2.0》，进一步强调以信息化驱动引领农业农村现代化，助力乡村全面振兴。以解放和发展数字化生产力，激发乡村振兴内生动力为主攻方向，着力夯实乡村数字基础设施，着力发展乡村数字经济，着力繁荣乡村数字文化，着力提高乡村数字治理服务效能，着力提升农民数字素养和技能，为全面推进乡村振兴、加快建设农业强国提供有力支撑。

显而易见，这是适应改革开放的目标要求，体现了我国城镇化发展新阶段的基本特征，是我们应当长期遵循的根本原则和发展方向。

随着数字化深入发展，赋予新型城镇化新的内涵，需要我们与时俱进，着眼于未来创新发展，进一步提升新型城镇化水平。总的来说，在数字新时代，数字赋能新型城镇化为加快推进我国城镇化发展提供了新动能、拓宽了新路径。应当认识到，在我国这样一个农业经济占比较高、农村人口占比较大的发展中大国，推进新型城镇化既面临很多新机遇，也存在一些现实挑战。其难度与潜力并存，机会与阻力同在。但从总体上看，新型城镇化大势所趋，数字化加持为新型城镇化提供了更大的发展空间，更为有利的发展条件，将有力促进新型城镇化更好更快发展。所以，从数字新时代视角来认识新型城镇化，必须要有数字理念、数字思维和数字认知，从数字化发展的高度来重新定义新型城镇化。

（一）数字化大趋势

数字新时代，数字化成为“变革的力量”，正在重组要素资源、重塑经济结构。必须顺应这一趋势，大力推进数字化转型，为经济社会发展全方位赋能。

数字化是继工业化之后推动经济社会发展的重要力量，引领产业基础高级化和产业体系现代化。《联合国 2019 年数字经济报告》指出：数字化正在以不同的方式改造价值链，并为增值和更广泛的结构变革开辟新的渠道。“一切因数而改变”，只有跟上时代的步伐，才能实现更好更快发展。

加快数字化转型成为共同选择。WTO 的有关研究报告曾指出，世界经济正向数字和信息化转型，大约 115 个国家已经制定数字化发展战略。不仅在规划层面实质性落地，在实际投资运作上也加大力度。IDC 的数据显示：2022 年，全球数字化转型投资超过 1.5 万亿美元，2026 年将迈过 3 万亿美元大关。2021—2026 年复合增长率约为 16.7%。据预测，2026 年我国数字化转型支出规模预计超过6000亿美元，5年复合增长率为17.9%，呈现加速度增长的态势。

数字化大趋势下，“要么数字化，要么被数字化”，这关乎发展的各个领域。地区发展也是一样，只有主动加快数字化转型，才能赢得发展的主动；如果“被数字化”，那将长期处于被动境地。新型城镇化在地区发展中具有重要影响意义，如何加大数字赋能新型城镇化力度，推进数字城镇化加快发展，关系到地区高质量发展和中国式现代化进程。

（二）数字城镇化新格局

随着数字时代开启，一方面要通过数字赋能新型城镇化，更加丰富新型城镇化的内涵，拓宽新型城镇化的路径；另一方面，要顺应数字化发展趋势，突出数字城镇化的新特点新要求，把握数字城镇化经济运行规律和人口流动特点，顺势而为、乘势而上，重构城镇化发展新格局。

工业时代，城镇化是工业化推动、市场化带动的，以农村人口向城市和城镇梯度转移为突出特征。数字时代，城镇化是数字化驱动的，以城乡融合发展，资源高效利用，人口合理流动（多元多向）为特征。在这个意义上说，数字化进一步优化城镇化人口流量和流向。统计数据显示，2023年我国城镇化稳步推进，城镇化率继续提高，常住人口城镇化率为66.16%，比上年提高0.94个百分点。据测算，2030年我国城镇化率将达到70%。这表明，城镇化的趋向仍保持稳步提升。但在数字驱动下，城镇化呈现一些新特点、新趋势。

一是随着新型城镇化各项工作的推进，我国城镇化空间布局持续优化，新型城镇化质量稳步提高。我国从过去急速城镇化阶段，转向平稳有序的高质量增长阶段。人口城镇化出现新特点，其中城镇化人口的“人户分离”就是一个新现象。也就是说，人口流动不再单纯以户籍为依据，而是出现了多种形式。例如，户籍没有变动，但人已经在城镇就业；或者，户籍迁往城镇，但人又回到农村创业；还有一种情况是，户籍在一个地方，但人却在多个地方创业发展。这表明户籍不再将人固定在一个地方。数据显示，2012年至2022年底，返乡入乡创业人员累计达到1220万人，为农村经济社会发展注入新活力。据央视报道，2024年以来，出现乡村企业“进城招工”现象，既满足了乡村企业用人之需，也拓宽了城市青年就业路径。

二是进城务工的农村人口流动方式的渐变。有研究显示，20世纪80年代和90年代，进城务工以本地的乡镇企业为主。20世纪90年代以后，主要以地区且是跨区域的城市为主。2010年跨区域流动的占比达76%，其中跨省流动占51%，在省内县外流动的占25%。从产业分布看，主要集中于二、三产业。2023年全国农民工规模29753万人，同比增长0.6%，农民工平均月收入4780元，比上年增长3.6%。

三是城镇化促进就业效应放大。2023年全国城镇调查失业率为5.2%，较上年低0.4个百分点。2023年，31个大城市调查失业率平均值为5.4%，其中12月份为5.0%。数据显示，2020年，我国流动人口3.76亿人，其城乡间流动人口仍占重要比例。自2023年初以来，农业户籍劳动力失业率为6.0%，3月以后逐步回落，到12月份降至4.3%。2023年我国就业规模扩大，非农就业比例上升，失业率下降，就业形势总体改善。

四是城镇化对经济增长贡献提升。根据中国社科院人口经济研究专家的结论：2023年，农村流动人口劳动力对GDP的贡献率达21%，其中无城市户籍的流动人口贡献占第二产业的57.6%，占商业和餐饮业的51.6%，占加工制造业的68.2%，占建筑业的79.8%。

这些都从不同侧面反映了城镇化的新特点新趋势，也为数字城镇化奠定了坚实基础。

二、以新型工业化助推新型城镇化

正如工业化是现代化的基础和前提一样，新型工业化是新型城镇化的重要支撑。没有新型工业化的新型城镇化犹如空中楼阁，缺乏可持续发展能力；同样，没有新型城镇化的新型工业化既缺乏目标引领，其发展空间也受限制。两者相辅相成，新型工业化助推新型城镇化，新型城镇化反哺新型工业化。

因此，推进新型城镇化必须建立在新型工业化基础上，只有这样才能在相互作用下同时提升“两化”水平。特别是通过人工智能赋能新型工业化，这将加快推进现代化产业体系建设，强有力地支撑新型城镇化发展。

（一）推动新型工业化的基础和条件比较充分

目前，我国制造业总体规模已连续 14 年保持全球第一，拥有全世界最完整的产业体系，随着产业数字化进程加快，产业现代化水平持续提高。同时，我国还拥有超大规模市场优势和人力资源丰富优势，物质技术基础雄厚，经济发展韧性强，产业结构调整回旋余地大，不仅为新型工业化提供了优势条件，也为新型城镇化发展提供了强有力支撑。

（二）推进新型工业化要更好发挥企业主体作用

产业发展根本上要靠企业发展来实现，只有企业规模发展才能造就工业化的优势。特别是新型工业化是以量大面广的民营企业健康发展为深厚基础的，统计数据显示，规模以上工业企业中七成以上是民营企业。可以说，民营企业已成为新型工业化的重要力量，必须引起足够重视。当然，国有企业是推进新型工业化的主力军，要更好发挥国有企业在数字化转型、技术创新、结构优化中的引领带动作用，支持国有企业与民营企业优势互补、融通发展。外资企业在我国开放发展、参与全球产业链竞争中发挥重要作用。要进一步创造条件，做好服务保障，引导外资企业投向先进制造和高新技术产业，鼓励支持外资企业与国内企业加强合作、共赢发展。

（三）以“数实融合”为路径推进城镇化

数字新时代，城镇化要以“数实融合”为路径，着力在城乡融合发展上实现新突破。党的二十大报告明确提出，“坚持城乡融合发展，畅通城乡要素流动”，进一步明确了城镇化融合发展的方向和重点。因此，城镇化不再简单的是“农民变市民”，而是通过数字化互联互通，实现高水平协同发展，农业农村人口通过融入数字化发展，推动多样化就业模式和多元城镇化发展。数字化进一步加速多种工作场所和工作模式线上线下融合，使劳动力的本地化和规模流动产生重要变化。因为数字化打开了城乡边界、拉近了空间距离，通过统一大市场的构建，促进城乡之间要素双向流动，产业融通发展，推动重构城镇化发展格局。特别是“数实融合”进一步拓宽了城镇化的路径，放大了发展空间。因为“数实融合”的深层意义就在于：其一，防止数字经济脱实向虚，即国外学者讲的经济“去物质化”。其二，防止实体经济低水平循环，形成代际落差，影响高质量发展进程。其三，防止数字经济和实体经济各行其道，或者以数字化发展挤压实体经济发展空间。通过“数实融合”，再造经济新形态、重塑发展新优势，拓展城镇化融合发展新空间。

（四）推进数字城镇化发展

随着数字技术在经济社会领域的广泛渗透，数字城镇化成为亟待深化研究的重大课题。《数字中国建设整体布局规划》强调：要在继续做强做优做大数字经济的同时，深入推进社会数字化发展。不断提高经济社会协同数字化水平，提高数字中国建设的整体性、系统性、协同性。其中突出强调推进数字技术与经济、政治、文化、社会、生态文明建设“五位一体”深度融合。

在数字社会层面，强调“深入实施数字乡村发展行动，普及数字生活智能化”。既赋予“数实融合”新内涵，又明确了数字城镇化发展方向。《数字中国发展报告（2022年）》指出，2022年我国互联网城乡普及率差异同比降低2.5个百分点。数字乡村建设加快提升了乡村振兴内生动力，推动了城乡共享数字化成果。

当前，要按照“五位一体”深度融合的要求，积极探索数字城镇化的新路径、新样本，创新中国式城镇化道路和方式。现阶段，我国工业化发展进入关键期，正面临数字化转型和智能化融合的迫切需求，各地积极推动“数实融合”，坚持创新发展，在推进新型工业化过程中不断稳链、固链、强链，推动经济高质量发展和数字城镇化创新。在这方面，来自于实践的探索更具有研究价值和现实意义。

笔者根据《经济日报》刊载的部分地区相关内容进行整理，重点从产业数字化维度阐释数字城镇化的基础支撑：

河北重点围绕上云、用数、赋智，制定“十万企业上云”、制造业数字化转型、5G应用领航、新型工业化和信息化融合等系列行动方案，向“数”而行，乘“云”而上，推动传统产业数字化转型，加快新型工业化进程。

山东着眼于新型工业化建设，积极转调优化低效产能，聚焦提升全产业链优势，压减低效产能，改造提升传统产业。省会济南市深入实施工业强市战略，推进数字技术与实体经济加速融合，链式集群规模化发展。

湖北数字技术协同创新生态不断优化，为帮助更多企业乘“数”而上，积极搭建平台、打造生态。立足自身优势，聚焦数字经济重点领域，构建具有引领性的数字经济产业园区和数字经济创新发展示范区。

江苏正实施集群培育工程，以先进产业集群，拓展制造业发展空间，全力推进推动新型工业化走在前、做示范。围绕高端化、智能化、绿色化，推进强链补链延链专项行动，加快构建具有完整性、先进性、安全性的现代化产业体系。

江西扎实推进绿色制造提升工程，完善绿色制造业和服务体系，加快绿色低碳技术研发和推广，提高工业经济绿色化程度，培育壮大绿色低碳产业。

浙江要加快打造一批创新要素高度集聚、网络协作紧密高效、产业生态体系完善、占据价值链中高端的世界级先进产业集群，加快建设制造强省。走出一条科技含量高、经济效益好、资源消耗低、环境污染少、人力资源优势得到充分发挥的新型工业化道路。

这些地区的发展目标和重点，既体现了地区发展和比较优势，又立足于数字化创新突破。可以预料的是，这些目标的实现将会全面提升我国新型工业化和数字城镇化水平。

三、“新电商”助力乡村全面振兴 强化新型城镇化的基础支撑

2023 年底召开的中央经济工作会议提出，要把推进新型城镇化和乡村全面振兴结合起来，促进各类要素双向流动，推动以城镇为重要载体的新型城镇化建设，形成融合发展新格局。

2024 年 1 月 22 日，国务院常务会议明确指出：推进乡村全面振兴是新时代新征程“三农”工作的总抓手，要以加快农业农村现代化更好推进中国式现代化建设。

在数字化大背景下，乡村全面振兴要加大数字赋能力度，推进农业数字化发展，培育新经济增长点，建设宜居宜业和美乡村。其中“新电商”成为关键变量和主要路径。

（一）“新电商”发展日新月异

所谓“新电商”是相对于传统电商而言的，是近年来随着数字化发展而日益普及的新现象，主要体现在新价值理念的引领，这使电商朝着理性、绿色、创新、普惠方向发展，突出体现在：移动优先、直播营销、个性化体验、多渠道战略、供应链创新等。其中，直播电商成为新电商中比较多见的应用场景之一。

新电商已经成为数字消费的主要形式，从线上线下互联到现实空间和数字空间互通，突破了时间与空间、商品与服务的界限，更加精准地对接供给和需求。同时，通过现实场景和虚拟场景营造，让消费者实现沉浸式场景体验，让消费不再是单纯的交易行为，而是融合了社交娱乐、知识分享、文化休闲等多种元素，契合了消费者对于产品与服务更趋个性化的需

求，有助于拓宽消费渠道，释放消费潜力，促进供需有效对接。特别是随着元宇宙的应用化，创建了一个虚拟的商业世界，打破了传统的消费边界，引领消费创新发展。相关机构预测，未来几年，元宇宙将会渗透到各个领域，到 2026 年，全球 30%的企业和机构将拥有用于元宇宙的产品和服务。

新电商蓬勃发展成为全球现象。数据显示，2022 年全球电商销售额达到 5.5 万亿美元。预计 2025 年将突破 7.3 万亿美元。其中网络消费将达到 3.44 万亿美元，占社会零售比重达 35%。《2022 年全球电子商务行业发展趋势》报告指出，移动购物和社交商务、先买后付模式、元宇宙和互动购物、批发销售的线上拓展为趋势性发展。

商务部数据显示，截至 2023 年 11 月份，我国网上零售额达 14 万亿元，同比增长 11%，其中实物商品网络零售对社会零售增长贡献率达 32.1%。网上购物用户数达 9 亿人左右。尤其是直播电商保持强劲增长势头，根据商务大数据监测，2023 年前 10 个月，我国直播销售额超过 2.2 万亿元，同比增长 58.9%，占网络零售的 18.1%，拉动网络零售增长 7.5 个百分点。统计数据显示，11 月份，实体店铺直播销售占比已增至其全部销售额的一半。

在当今数字化时代，直播带货已成为一种重要的销售模式，也是人们目前最主要的消费方式之一，成为支撑平台经济发展的重要驱动力。商务部数据显示，2023 年上半年，重点监测电商平台累计直播场次超过 1.1 亿场，直播商品超过 7000 万个，活跃主播超过 1200 万人，形成全生态主播群。同时，直播电商不仅拉近了产销距离，其规模化发展正在引导供给侧产业链重构。特别值得关注的是，数字化正成为直播电商规模化发展的强大驱动力，AI 将深刻影响直播电商行业，AI 数字人主播和看不见的 AI 能力，正在引发电商和数字消费变革。一方面，AI 数字人直播成本远低于真人直播，而且效率更高、服务更精准。另一方面，AI 数字人能帮助品牌方打造可复制、可管理、可迭代的数字资产，全面提高其价值水平。

同时，跨境电商市场规模持续扩大，整体增长势头强劲。数据显示，2023 年我国跨境电商进出口总额达 2.38 万亿元，占全国进出口总额的 5.7%，同比增长 15.6%，比全国进出口增速高出 15.4 个百分点。预计 2024 年增速还将进一步加快。这种增长部分归因于互联网技术、在线购物和支付方式的兴起。

直播电商的快速发展得到了有关部门的重视和政策支持。相关部委文件明确提出，促进电子商务、直播经济、在线文娱等数字消费规范发展。各地更是采取多种支持方式，促进直播电商更好更快发展。

（二）“新电商”的特点分析

“新电商”突出流量+声量，以实时在线、全程全域互联互通，推动模式创新和场景革命，形成新的市场优势和规模效应。其特点主要体现在以下几个方面：

1. 电商不再是线下转线上，而是线上线下相结合，通过线上引流线下，通过线下支撑线上，实现线上线下深度融合发展。

2. 新电商通过新技术加持和新业态迭代升级，其功能性进一步提升。例如短视频和直播带货的兴起，让快手的“信任电商”与抖音的“兴趣电商”迅猛发展，并带动直播电商成为电商主流业态。随着 AI 的广泛应用，AI 数字人直播开始兴起，既降低成本，又便捷高效，将深刻影响直播电商行业的发展。

3. 新电商引领产业转型升级、驱动供应链创新。通过个性化推荐、定制化服务，可以更精准地把消费需求传递到生产环节，从而让企业根据个性化需求，更有针对性地调整产品设计研发、生产制造和营销策略，让产业链精准对接消费需求链，在提高产业链效能的同时，进一步优化供应链。同时，通过供应链透明化和可视化，增强可信度和吸引力，激发消费，扩展流通，提高可持续性。

4. 新电商成为促进“数实融合”、赋能消费升级的新赛道。把传统的人、货、场进行链路重构，从功能性消费转向体验式消费，从以产品为中心转向以客户为中心，从单一场景向多场景融合。简单地说，新电商就是把传统电商的“人找货”模式，变成了当下的“货找人”模式。实现第一、第二、第三产业，多行业、多领域跨界融合，需求链、产业链、供应链融通发展，塑造上下游全产业链生态体系。商务部数据显示，2023年前三季度，170个国家电商示范基地中，有151个建立了直播基地。全国直播电商销售额近2万亿元，增长超过60%。

5. 新电商推动了商产融合、促进了要素资源的融通。催生了新的产业形式及产业链，拓宽了农产品销售渠道，对拉动农村地区整体线上消费具有明显的溢出效应。

（三）电商经济成为乡村全面振兴和城镇化发展的新引擎

数字赋能乡村全面振兴和数字城镇化就是要更好发挥数字技术优势，促进乡村经济、社会和文化数字化发展，为乡村经济发展注入新动能、增添新活力，为新型城镇化开辟新路径。

1. 推进产业发展是乡村全面振兴的根本之策。要按照中央一号文件提出的，坚持产业兴农、质量兴农、绿色兴农，促进农村一、二、三产业融合发展，把农业建成现代化大产业。特别是要以发展数字农业为导向，运用物联网、大数据、人工智能等技术，对农业生产全过程进行数字化管理，全面提高农业生产效率和产品质量。补齐农业数字化短板，推动形成产业发展新优势。

2. 搞活市场流通是乡村全面振兴的源头活水。实施农村电商高质量发展工程，推进县域电商直播基地建设。通过建立在线平台，促进供需对接，减少中间环节，从生产端直达消费端，让农民可以直接将产品销售给消费者，在提高农民销售收入的同时，提高农产品的物流效率，减少损耗，确保产品新鲜度，从而提升消费者满意度和市场流通整体效能，推动农村流通高质量发展。

3. 推动消费模式和商业模式转变是必由之路。新电商不仅提升了消费者的购物体验，还推动了整个商业生态系统的转型。首先，从功能型消费向体验式消费转变，更加体现消费者体验和互动，而不仅仅是以产品为中心。其次，从单一的在线购物场景转变为结合视频直播、社交直播等多种场景的融合，进一步满足消费者多样化和个性化的需求。

4. 促进就业和技能提升是重要支撑。新电商的发展需要一定的运营、管理和技术支持，这就需要加大乡村居民技能培训力度，整体提高农民的数字素养和技能，这有助于提升农民适应市场竞争的能力，从而增加就业机会，提高可持续增收能力。

5. 要把推进新型城镇化和乡村全面振兴结合起来。促进各类要素双向流动，推动形成城乡融合发展新格局。首先，加快推动城市更新向区县延伸，补齐城市基础设施短板，提高经济和人口承载能力，更好发挥城镇带动作用。优化县域产业结构和空间布局，构建以县城为枢纽、以小城镇为节点的县域经济体系。其次，推进乡村全面振兴，要始终坚持城乡融合发展，既不能搞“去农村化”，也不能就乡村论乡村，而要强化以工补农、以城带乡，加快形成新型工农城乡关系，加快数字乡村建设。在数字化大潮中，数字乡村建设是实现乡村振兴、加快推进农业农村现代化的必要条件。要完善农村信息基础设施，引领数字赋能农业发展，加快数据要素流转，放大乘数效应，从而打破城乡数字壁垒、缩小城乡数字落差，畅通城乡经济循环。

四、推动新型城镇化要强化县城载体建设

数字新时代，县域经济高质量发展必须抓住数字化的机遇，主动融入数字大潮之中，在加快数字化转型中塑造高质量发展新动能新优势，着力推动以县城为载体的新型城镇化建设。我国县域经济总量占全国的比重为38%，是支撑全国经济大盘的基石，推动县域经济高质量发展，是实现中国式现代化的重要一环。

数字化是县域经济高质量发展的根本路径。要立足实际，因地制宜，把地区经济优势和数字化优势叠加放大，走出特色发展之路。总体来看，我国县域经济发展的差异性比较明显，要区分不同情况，采取差异化

对策，着力于做活存量、做优增量、做强变量。

（一）要做活存量

重点是加快产业数字化转型。中小企业量大面广，是县域经济的基底，不能简单“一退了之”。要以“专精特新”为取向，分类推进产业转型升级。一是推动传统产业转型发展，加大扶优汰劣的力度，推动整体优化升级。二是支持有资源基础和市场前景的产业加快升级，形成竞争比较优势。三是重点加大中小企业数字化改造提升的力度，按照“上云用数赋智”要求，大力发展“云上企业”。

（二）要做优增量

着力培育新的经济增长点。一是大力发展电商经济。这是活跃县域经济的新引擎、新路径，因为无论是发达地区还是相对落后区域，电商经济都呈现快速发展的势头。2023 年 8 月，商务部等九部门联合发布《县域商业三年行动计划（2023—2025 年）》，提出进一步推动资源要素向下沉市场倾斜，以县域为中心、乡镇为重点、农村为基础建立农村商业体系。这其中就是要突出新电商发展。更好发挥新电商优势，是具有颠覆性的经济新形态，并且日益规模化发展。更加彰显数字化的魅力和市场化优势，更加体现无边界、无障碍特点，并且渗透经济社会各个领域，弱化传统区域发展格局影响，重构经济发展新逻辑、新体系、新格局。二是大力发展具有本土特色的文旅产业。挖掘和保护当地文化特色，利用数字技术丰富文化和旅游体验。如通过虚拟现实技术展示历史文化、自然风光等，形成场景化、沉浸式、可融入产品形态，促进旅游业态创新，产业融合发展，市场主体培育、消费场景创新，区域有效合作，通过文化旅游产业的发展带活地方经济。三是发展数字农业。数字农业是可视化表达、数字化设计、信息化管理的现代农业，由农业物联网、农业大数据、精准农业、智慧农业所组成。通常由人工智能、区块链和物联网系统等提供数字科技支持，并使用 GPS、传感器、机器人、卫星和无人机等设备实现生产目的，包括从种子优选、生产过程的智能化监测、收割加工的数字化及市场销售的平台化。

（三）要做强变量

数字化是最大变量，要强化基础支撑，推进平台化、园区化、体系化发展。一是建设数字基础设施。构建高速、稳定的互联网，包括宽带网络和移动互联网服务，这是数字化转型的基础支撑，能够确保信息的快速流通和交换。只有互联互通，才能保证信息畅通、市场联通、要素流通。国外有学者曾指出，互联互通是世界的元模式，过去是“地理决定一切”，现在是“互联互通”决定一切。二是加强数字平台建设。突出以“个性化定制、网络化协同、服务化延伸”为重点，强化平台服务功能建设。要依托平台优化资源、重构流程，实现平台接单、按工序分解、各工厂协同的共享制造模式，持续放大产业协同优势。三是打造数字园区。基于互联网的线上线下合作，汇聚各方面力量，共同做大园区规模优势，优化发展环境，发挥园区功能。当前，县域经济高质量发展也要通过园区化集聚资源、集中优势、集优发展。特别是建设数字化产业园，可以促进产业集聚、全方位深度孵化企业，强化平台支撑，线上线下一体，实现深度融合发展、放大极化效应。四是建设区域数字生态体系。数字经济的核心要义是共生协同，其突出特征就是体系化、融合化、一体化。随着数字经济发展从企业、产业向区域延展，这更加要求协同融通发展。这样才能把数字化优势转化为区域经济发展动能，推动形成区域数字生态的集成优势。

变革的关键取决于提高全民数字素养和技能。习近平总书记强调指出，要提高全民数字素养和技能，夯实我国数字经济发展的社会基础。这是顺应数字时代要求，全面提升我国数字经济发展水平，提高数字竞争力的关键，也是推进新型工业化和新型城镇化的决定性因素。要让广大民众真正认知和理解数字化，形成数字共识和数字自觉，才能转化为数字化的强大行动力。这样才能形成合力，创造条件缩小城乡“数字落差”，促进县域经济同步数字化发展，共享数字化红利。

第五章
数字城镇发展成就和经验及面临的机遇和挑战

城镇是推进数字中国建设的综合载体，推进城镇数字化、智慧化转型，建设数字城镇，是面向未来构筑城镇竞争新优势的关键之举。

一、数字城镇发展是构筑城镇竞争新优势的关键之举

（一）数字城镇是数字经济和新型城镇化融合发展的表现形态

数字经济和新型城镇化都是国家重大发展战略，二者在中国式现代化进程中呈现融合发展态势，在发展目标和内在要求上高度契合。新型城镇化为数字经济发展提供空间载体和应用场景支撑，为新一代信息技术大规模、系统性的应用带来了历史性机遇。数字经济通过科技创新、发展方式创新为新型城镇化建设注入了强大的动力，为城镇产业发展提供了新路径，拓展了新空间。数字经济通过技术链、创新链、产业链、就业链的高效衔接有力推动城镇建设资源配置方式上的创新。新型城镇化和数字经济的融合发展的表现形态就是数字城镇。

（二）推动数字城镇发展是数字经济战略和新型城镇化战略的重要内容

中共中央、国务院于 2023 年 2 月印发的《数字中国建设整体布局规

划》指出，构建覆盖全民、城乡融合的数字素养与技能发展培育体系。

国务院于 2022 年 1 月印发的《“十四五”数字经济发展规划》指出，面向智慧城市等重点新兴领域，提供体系化的人工智能服务；推动新型城市基础设施建设，提升市政公用设施和建筑智能化水平；结合新型智慧城市建设，加快城市数据融合及产业生态培育，提升城市数据运营和开发利用水平；推动城市数据整合共享和业务协同，完善城市信息模型平台和运行管理服务平台，因地制宜构建数字孪生城市。

国家发展改革委发布的《“十四五”新型城镇化实施方案》指出，探索建设数字孪生城市，推进市政公用设施及建筑等物联网应用、智能化改造，部署智能交通、智能电网、智能水务等感知终端；推行公共服务一网通享，促进公共服务机构资源数字化；丰富数字技术应用场景，发展智慧出行、智慧街区、智慧社区、智慧楼宇、智慧商圈、智慧安防和智慧应急。

国家发展改革委、国家数据局、财政部、自然资源部四部门联合印发的《关于深化智慧城市发展 推进城市全域数字化转型的指导意见》指出，全面提升城市全域数字化转型的整体性、系统性、协同性，不断满足人民日益增长的美好生活需要，为全面建设社会主义现代化国家提供强大动力。预计到 2027 年，全国城市全域数字化转型将取得明显成效，形成一批横向打通、纵向贯通、各具特色的宜居、韧性、智慧城市，有力支撑数字中国建设。到 2030 年，全国城市全域数字化转型将实现全面突破，人民群众的获得感、幸福感、安全感全面提升，涌现一批数字文明时代具有全球竞争力的中国式现代化城市。

国务院于 2024 年 7 月 31 日发布的《深入实施以人为本的新型城镇化战略五年行动计划》（国发〔2024〕17 号）强调，推进基于数字化、网络化、智能化的新型城市基础设施建设，推进绿色智慧城市建设。

二、我国数字城镇发展的成就和经验

新型城镇化战略擘画了数字城镇的发展方向。数字技术和数字经济为我国数字城镇的发展提供了强大驱动力。

目前，我国数字经济规模超过 50 万亿元，总量稳居世界第二，占 GDP 比重提升至 41.5%，数字经济与实体经济融合愈发紧密。

在新型城镇化战略指引和数字技术与数字经济浪潮驱动下，我国数字城镇发展取得了令人瞩目的成就，积累了宝贵经验。

（一）我国数字城镇发展取得重要成就

1. 重点城市数字经济国际竞争力不断提升。数字基础设施方面，北京、上海在全球被监测的 169 个城市中分别位列第二、第三名。智慧城市方面，全球 141 个智慧城市中，我国城市占 12 个。人工智能方面，在全球最具创新力前 20 个城市中，我国城市有 6 个。科研创新方面，在全球科研城市前 20 名中，我国城市占据 8 席。

2. 数字技术创新能力持续提升，数据要素价值不断释放。2022 年，我国信息领域相关 PCT 国际专利申请近 3.2 万件，全球占比达 37%，数字经济核心产业发明专利授权量达 33.5 万件，同比增长 17.5%。关键数字技术研发应用取得积极进展。数据资产入表深入推进。多地数据交易所多措并举，推动数据要素交易流通。深圳数据交易所发布数据资产化专区，贵阳大数据交易所上线全国首个电信数据专区，浙江大数据交易中心发布了产业数据流通交易专区，涵盖工业大数据、产业金融大数据等领域。

3. 智慧城镇和数字政府建设步伐不断加快。城镇数字化基础设施不断完善，数字技术驱动的产城融合新场景不断涌现，城镇精准精细治理取得新成效，城镇公共服务体系数字化转型加快推进，城镇安全韧性水平不断提升。近年来，各级政府业务信息系统建设和应用成效显著，数据共享和开发利用取得积极进展，一体化政务服务和监管效能大幅提升，“最多跑一次”“一网通办”“一网统管”“一网协同”“接诉即办”等创新实践不断涌现，数字治理成效不断显现。从 2012 年到 2022 年，我国电子政务发展指数国际排名从 78 位上升到 43 位，是上升最快的国家之一。国家电子政务外网实现地市、县级全覆盖，乡镇覆盖率达 96.1%。

4. 城镇产业数字化转型不断加快。随着数字技术的普及应用和数字经济的发展，各行各业数字化转型不断加速，催生了新产业、新业态和新商业模式，它们主要集中在城镇。中小型城市、城镇、特色小镇积极迎接数字化浪潮，整合地区优势资源，抓住传统产业数字化转型机遇，推动城镇产业的数字化、绿色发展。伴随新型城镇化的推进，大量的农村人口进入城镇，这些产业为农业转移人口提供了大量的就业机会。

5. 法治化、标准化数字治理体系初步建立。我国网络和信息安全法律体系建设不断推进，立法的系统性、整体性、协同性、时效性不断增强。数字领域标准建设稳步推进，我国在自动驾驶、大数据、工业互联网、智慧城市等方面，牵头推动一批数字领域国际标准立项发布。

（二）我国数字城镇发展的宝贵经验

数字城镇发展之所以取得显著成就，是因为有党领导制定的新型城镇化战略和数字经济发展战略的指引。

数字城镇发展坚持以人民为中心，以人民利益为出发点和落脚点，才有了正确的发展方向，得到了人民的支持，取得了人民满意的成就。

改革创新是推动数字城镇发展的不竭动力。数字技术本身就是科技创新的产物，我国新型城镇化建设取得的每一次突破和成就，都离不开改革的驱动。我国在数字经济和新型城镇化领域持续推进改革创新，数字城镇发展在科技创新和改革双轮驱动下，不断迈上新台阶。

法律和政策环境为数字城镇发展提供了根本制度保障。我国不断制定和完善数字经济领域的法律法规，密集出台并不断优化新型城镇化建设相关政策，有力地保证了数字城镇健康发展。

三、我国数字城镇发展面临的挑战和机遇

（一）我国数字城镇发展面临的挑战

1. 各种各样的数字鸿沟依然存在，全民数字素养和技能有待提升。数

字鸿沟从“接入鸿沟”转向“能力鸿沟”，城乡间、地区间、领域间、人群间的数字化发展应用差距依然较为明显。数字经济发展对人的数字素养和技能不断提出更高要求，特别是近期生成式人工智能成为全球热点，可能显著改变工作、生活、学习方式，对人的数字素养和技能提出了更高要求，数字技能培育体系建设有待加快。

2. 数据要素市场有待完善，城镇数字化治理体系有待健全。数据产权不明、定价机制不清、流通机制不畅，公共数据开放应用水平较低，数据资源配置效率低，数据要素市场监管难度大等问题依旧突出，数据要素配置和收益分配机制有待完善。智慧城镇发展不充分、不均衡，有的地方短板和弱项明显。数字政府建设仍存在一些突出问题，主要是顶层设计不足，体制机制不够健全，创新应用能力不强，数据壁垒依然存在，网络安全保障体系还存在不少突出短板，干部队伍数字意识和数字素养有待提升，政府治理数字化水平与国家治理现代化要求还存在较大差距。

3. 数字城镇发展的法治化环境有待完善。快速发展的数字技术给数字经济治理和数字城镇发展带来了诸多严峻的挑战。数字经济领域违法犯罪现象频发，平台垄断侵犯从业者和消费者的合法权益，个人信息安全、数据安全、网络安全问题对统筹发展和安全带来威胁，等等。这些挑战不仅需要政府部门在政策层面作出快速回应，更需要立法部门在法律层面作出及时回应。我国当前的数字经济立法建设存在许多短板和弱项。一是国家层面的数字经济专门立法缺失。二是数字经济立法发展不平衡。三是数字经济立法不能有效应对新形势新问题。四是对数字政府建设的立法支撑和保障有待加强。五是数字经济创新做法、经验和模式有待立法鼓励。

（二）我国数字城镇发展面临的机遇

当前，新型城镇化发展步入深入推进阶段，数字经济也处于蓬勃发展阶段，这为数字城镇进一步高质量发展带来了难得的历史机遇。

1. 政策机遇。国家高度重视，政策密集出台。如《国家新型城镇化规划（2021—2035 年）》，《数字中国建设整体布局规划》（2023），《关于构建数据基础制度更好发挥数据要素作用的意见》（2022），《关于加强数字政府建设的指导意见》（2022），《关于推进实施国家文化数字化战略的意见》（2022），《关于构建更加完善的要素市场化配置体制机制的意见》（2020），国家数据局会同中央网信办10多个部门联合印发的《“数据要素×”三年行动计划（2024—2026年）》（2023），财政部印发的《企业数据资源相关会计处理暂行规定》（2024），等等。这些政策明确了新型城镇化和数字经济发展的目标任务、总体布局和保障措施，为数字城镇高质量发展提供了政策机遇。

2. 实践机遇。第一，2023年，ChatGPT热潮席卷全球，人工智能技术突飞猛进。数字技术从传统的信息搜集、传输、整理、储存，逐渐走进辅助决策甚至替代决策，“数据+算力+算法”的组合帮助人类分析、理解、预测和决策。人工智能的发展将为数字城镇发展注入强大动力。第二，数据资产入表步伐加快，国家数据局获批成立，各地数据交易所相继揭牌，我国正逐步激活数据要素价值，强化数据的基础资源作用和创新引擎作用，推动数据要素市场发展，健全数据要素市场安全长效机制。这进一步夯实了数字城镇发展基础，拓宽了数字城镇发展空间。第三，东数西算工程通过利用西部的资源优势和相对低廉的运营成本，来满足东部地区对数据处理能力的需求，这将优化全国范围内的算力资源配置，促进数字经济的均衡发展、区域协调发展以及东西部城镇协调发展。工程同时带动了土建工程、数字技术设备制造、信息通信、基础软件、绿色能源供给等产业的发展。所有这些都为数字城镇加快发展提供了重要机遇。

四、加快推动数字城镇高质量发展的路径

推动数字城镇高质量发展，要把数字经济发展战略与新型城镇化战略有机统一起来，推动数字经济与新型城镇化进一步深度融合，将数字技术广泛应用于我国现代城镇建设之中，让新型城镇更好承载数字经济的发展。

（一）做好数字城镇发展规划

一要做好城镇产业发展数字化转型规划。将不同城镇独有的产业结构、地理状况、人口结构、地域文化等要素纳入城镇发展规划中，着眼于城镇产业数字化转型需要、在线新经济发展需要、数据要素市场发展需要，为城镇传统产业的转型升级开辟新的发展空间。二要做好城镇治理数字化转型规划。将城镇治理的数字化发展纳入城镇发展规划中，推动先进的信息技术和现代管理理念的应用，加强大数据、物联网、区块链等新一代信息技术在城镇管理中的应用，整合分散的管理服务信息系统，打造资源共享、科学高效的城镇管理平台，推动数字政府建设，推动公共服务体系数字化改造升级。

（二）加强城镇数据整合共享，推进智慧城镇建设

加快打破不同部门、城乡、层级间的数据壁垒，推动数据要素自主有序流动，完善公共数据开放与共享机制，探索构建异源数据协同治理机制，推进数据资源深度整合与开发，形成对数字城镇建设的有力支撑。统筹发展和安全，充分发挥数据的基础资源和创新引擎作用，整体性重塑智慧城市技术架构，系统性变革城镇管理流程。全域推进城镇的数字化转型，夯实数字基础设施建设，推动产城深度融合，壮大城镇数字经济，提升城镇的安全性和宜居性。全方位增强城镇数字化转型支撑。全过程优化城镇数字化转型生态。

（三）以数字化赋能城乡融合发展，提升新型城镇化和数字经济发展整体质量

城乡融合发展是新型城镇化战略的重要内容，城乡关系是影响新型城镇化发展质量的重要因素。乡村振兴背景下的乡村数字经济具有巨大的发展潜力和空间，是我国数字经济的重要组成部分。弥合城乡数字鸿沟，推动构建新型城乡关系，是数字城镇高质量发展的应有之义。一要以数字化

推动城乡要素自由流动与合理配置。以数字化赋能乡村人才发展，赋能新型农业经营主体和服务主体发展，以数字化手段激活农村要素资源，以数字化技术创新农村普惠金融服务。二要以数字化推动城乡基本公共服务普惠共享。推动乡村教育发展，加强农村医疗卫生服务，加强农村就业和社会保障服务，推动乡村文化繁荣发展，推进乡村治理能力现代化。三要以数字化推动城乡基础设施一体化发展。加快乡村信息基础设施建设，推进涉农数据资源共享与利用。四要以数字化推动乡村经济多元化发展。推进农业数字化转型升级，加强粮食全产业链数字化建设，发展农村电子商务和数字物流，以数字化培育乡村新业态新模式。

（四）完善数字经济立法，优化数字城镇发展法治环境

一要完善数字经济立法顶层设计。形成以网络安全法、数据安全法、个人信息保护法、电子商务法等为支撑，以国务院条例、部门规章和地方性法规为补充的中国特色数字经济法律规范体系。二要推动数字经济立法平衡发展。经济欠发达地区积极借鉴相对发达地区的数字经济立法经验，抓紧补齐数字经济立法短板。加快数字经济重要细分领域立法，注重提高立法精准度和法律实效性。三要及时回应数字经济发展中出现的新情况新问题。加快培养数字经济立法人才，建立健全数字经济领域的涉外法律规范体系，提升我国在数字贸易、数据资产流动等领域的国际竞争力和话语权。四要通过立法鼓励和支持数字经济创新发展。在不触碰社会主义市场经济秩序以及国家和社会安全底线、红线的前提下，对数字经济领域创新活动给予更多的立法宽容和激励。

第六章
数字城镇创新发展的框架体系

城镇是人类社会城市化进程中的主体形态，城镇化建设是现代化建设的重要内容和载体。数字时代，数字化为城镇创新发展提供了新思维、开辟了新路径。数字城镇是数字化赋能城镇创新发展的城镇新形态，是数字经济与新型城镇化深度融合创新发展的结果呈现。加快建设数字城镇是我国现代化建设的重要内容，也是数字中国建设的重中之重。

数字技术的广泛应用以及数字经济和城镇经济社会发展的深度融合，改变了城镇化发展的基础、环境、运行逻辑和发展模式等，以新一代集成的信息技术和数字智能技术综合应用为基础支撑的城镇数字化发展，在发展理念、发展思路、发展内涵、发展方式和发展路径上都发生了颠覆性、结构性改变。所以，推动数字城镇建设和发展需要更新发展理念，转换发展思路，探索新的发展模式和路径，明晰数字城镇的逻辑内涵、时代特征和趋势要求，构建新的发展框架。

一、数字城镇创新发展的内涵

目前学术界、政策部门以及业界尚未对数字城镇做出一致性解读。与此相关的问题，各界关注的焦点，一是从数字化角度看，主要研究城市数字化转型问题，聚焦于大中城市，而对中小城镇层面的数字化转型、发展问题的研究和关注相对较少。二是从城镇问题的角度看，更多研究和关注的是新型城镇化问题，也非城镇数字化发展问题。

工业时代，工业化和城镇化相伴而生，共同构成现代化建设的重要内容，也形成了工业时代城镇化发展的模式和道路。长期以来，在工业化背景下，城镇化发展受制于地理区位、生态环境、资源基础、道路交通、科技、人才、资金等各种传统要素的制约和影响，在发展过程中积累了很多问题，如城镇发展方式粗放、低端产业主导、人口素质不高、环境污染严重，公共服务和社会福利水平低等。所以，新型城镇化、可持续城镇化发展问题被提出，成为世界各国城镇化发展的主流方向。

2011 年我国城镇化率达到 51.27%，城镇常住人口首次超过农村人口，标志着我国城镇化进入新发展阶段。随后，党的十八大和 2012 年中央经济工作会议首次正式提出推动我国新型城镇化发展的顶层设计和发展布局，明确提出要提高城镇化发展质量，“把生态文明理念和原则全面融入城镇化全过程，走集约、智能、绿色、低碳的新型城镇化道路”。

新型城镇化为我国经济发展提供了新的增长动力，对扩大内需、全面建成小康社会、推动国民经济持续健康发展发挥了巨大作用，为我国现代化建设打下坚实基础。然而，新型城镇化是一项十分复杂的系统工程，面临的矛盾和问题依然十分突出，在工业社会发展技术和逻辑下，新型城镇化发展过程中传统的空间约束、要素约束问题依然存在，同时，深层次的产业升级、制度分割、阶层分化等问题不断暴露出来，如何推动产业创新发展、转换发展动能、缩小收入差距、实现公共服务均等化、建设以人为本的新型城镇、推动新型城镇化高质量发展，成为新发展阶段亟待突破的难题。

数字化发展为破解新型城镇化困境提供了新思维、新路径、新抓手。互联网、移动互联网、人工智能、区块链等数字技术的发展和应用，不仅同步改善了城乡新型数字化公共服务基础设施，也为城镇化发展创造了巨大的产业机会，为提高城镇运行效率、推动城镇高质量发展打下基础。数字经济作为继农业经济、工业经济之后的一种新经济形态，为新型城镇化建设提供新的资源配置方式和经济发展模式，注入数字产业化和产业数字化等新的发展内容，为城镇产业升级、结构优化、动能转换、高质量发展提供了新发展空间。而数字经济和新型城镇化深度融合发展产生的城镇化新形态就是数字城镇。

数字城镇建设旨在通过利用互联网、大数据、物联网、云计算和人工智能等现代信息技术和数智技术改造城镇基础设施，改善城镇生产生活环境，提高城镇管理效率，提升居民生活质量，为城镇社会治理、经济发展、公共服务等赋能，实现城镇创新发展。

不同于数字城市，数字城镇是数字化赋能城镇创新发展，城镇建设和数字化发展的目标在于实现数字城镇，但强化的是城镇数字化发展的过程，应有之义是抓住数字化发展的时代机遇，推动数字化与新型城镇化深度融合、叠加发展，运用数智技术及其创新成果改造和支撑新型城镇化建设和发展，通过发展以数字经济为核心的新经济、新产业、新模式、新业态为新型城镇化注入新活力、新动力，通过推动三产融合、产城融合、城乡融合发展重构城镇高质量发展的新路径、新结构、新内容。

不同于新型城镇化，数字城镇既承继了新型城镇化的发展理念和内涵，又叠加了数字化发展的新理念，数字化为新型城镇化提供了数智化发展的基础和手段，为破解工业化背景下新型城镇化的地域约束、要素约束、制度约束提供新的思路和发展路径，数字城镇创新发展强化面向未来、换道发展的新型城镇化战略选择和发展路径。

二、数字城镇创新发展的思想体系及新理念

城镇数字化是数字时代的新命题，需要新的指导思想和发展理念。数字城镇创新发展是在秉承新型城镇化发展理念内涵的基础上，借助数智化的技术和手段，按照数字发展逻辑，以数字化思维为指导的城镇创新发展，它需要摆脱城镇化原有的发展模式和路径，是面向未来构筑城镇竞争新优势、提高城市核心竞争力的关键之举，需要提前谋划、超前布局，更需要新的思想方法和新的发展理念为指导。

城镇可以被看作是一个复杂的生命体，城镇数字化发展是一个动态

的、复杂的、涉及多主体、多方面内容的经济社会演进过程，指导数字城镇创新发展的思想体系和发展理念也是复合的、多元的、先进的、多维的。从时序视角看，着眼于未来视角的数字城镇建设，创新是关键。建设数字城镇是城镇的一种创新发展模式，要强化城镇建设的理念创新、意识创新、理论创新、方法创新、手段创新以及体制机制创新。基于此，数字城镇建设和发展的目标、定位、发展模型、路径、举措等都需要有别于传统的城镇化建设，需要构建全新的城镇发展坐标和内容体系框架，跳出既有的城镇发展体系框架，探索开创城镇发展新局面。

着眼于现实视角的数字城镇建设，以人为本是核心。承继新型城镇化的发展内涵，强化以人为本的城镇建设和发展。联合国人居署在《2020 年世界城市报告》中强调，真正的智慧城市是以人为本的，当前，“以人为本”已经成为各国城镇数字化转型中的共同理念。数字城镇建设要以改善人民生活质量为基本要义，努力实现“以人的城镇化为核心，有序推进农业转移人口市民化，稳步推进城镇基本公共服务常住人口全覆盖，不断提高人口素质，促进人的全面发展和社会公平正义，使全体居民共享现代化建设成果。”的城镇发展目标。

着眼于时代特征的视角，数字思维是前提。数字化是数字城镇发展的时代大背景，数字城镇发展需要强化数字思维和数字化发展理念。强化数字思维需要深化数字认知，普及数字文化，不断提高数字化理论水平和数字化解决城镇发展不平衡、不充分问题的能力。数字化发展理念强调城镇创新发展的整体性、系统性、全局性、全域性，需要将数字城镇发展放在数字化视角下来研究和统筹谋划，强调数字城镇建设的整体谋划、协同发展、全域参与、系统推进，打破板块化、分割化、碎片化的传统城镇发展模式，以数字赋能、数据驱动，强化城镇创新发展的高位统筹、全面协同、全域承载、深度融合、整体推进。当然，在整体规划、统筹发展统领下也需要因地制宜地规划设计理念和发展思想，统筹是一盘棋，不是一刀切，城镇历史、文化、产业、风貌等各具特色，不能照搬照抄。创新发展的本质就在于以新发展理念为指导因地制宜地发展。

总之，数字城镇创新发展的本质在于转变城镇发展思维和思路，理念上要坚持创新发展，强化数字化思维和系统、统筹、融合的城镇发展思想，坚持以人为本的新型城镇化核心价值理念，全面、一体化推进数字城镇建设。归结起来，数字城镇创新发展就是要完整、准确、全面地贯彻“创新、协同、绿色、开放、共享”新发展理念，实现新型城镇化和数字化融合创新发展。

三、数字城镇创新发展的目标体系及新定位

（一）核心目标

基于对数字城镇及其创新发展理念的认识，数字城镇创新发展的核心目标，要兼顾生产、生活和生态的均衡发展，对内，要以人为中心推动城镇高质量发展，着力解决城镇发展方式、发展模式转型创新问题；对外，要抓住数字化发展机遇，抢占城镇数字化发展的战略高点，加快提高城镇创新发展潜力和数字化竞争力；对于城镇自身，则要增强城镇可持续发展的能力和生命力。

数字城镇创新发展旨在建设以民生优先、生态友好、环境优美、宜居宜业、可持续、高质量发展为内涵，以创新、协调、绿色、开放、共享的新发展理念为目标，以新型数字设施和先进数字技术同步构建为基础和支撑，以区域统筹协调发展、经济数字化转型、公共服务协同高效、数字社会普惠便捷、生态文明绿色智慧、城乡制度改革和体制创新为重点内容的城镇数字化发展过程。对于中小城市自身而言，数字城镇建设的主要目标是加快城镇数字化转型，实现经济、社会、环境的协调、可持续发展。

（二）我国数字城镇创新发展的战略目标

数字化是现代化的前提，城镇化是现代化建设的重要内容。数字城镇以数字化赋能城镇化，是国家现代化建设的基本单元。数字城镇建设目标

必须与国家战略相一致，为国家战略提供有力支撑。

1. 数字城镇创新发展是中国式现代化的特色支撑。数字化从底层上为推动社会普惠化制度创造了基础，也为实现共同富裕创造了新的机制，同时，数字化是物理和虚拟的结合，也是物质与精神的统一，数字技术为文化传承创造新的形式，为实现人与自然和谐共生创造了新的生态机制。数字城镇创新发展融合数字技术、数字经济和数字化的各种机制手段，为实现中国式现代化提供特色支撑。

2. 数字城镇创新发展是数字中国建设的基础支撑。为加快中国式现代化建设，国家实施数字化发展、数字中国建设等国家战略，数字中国既包括数字城市，也包括数字城镇、数字乡村。而城镇在我国城市化进程中占据主体地位，数字城镇构成数字中国建设的重要组成部分，推动数字技术与经济、政治、文化、社会、生态文明建设“五位一体”深度融合，既是数字城镇创新发展的目标，也是数字中国建设的重要支撑。

3. 数字城镇创新发展是新型城镇化建设的赋能支撑。城镇化是我国现代化建设的历史任务，也是扩大内需的潜力所在。以人为本的新型城镇化，从内涵上强化民生优先、城镇可持续与高质量发展，从目标上旨在为民众提供平等的发展机会、均等的公共服务和社会保障权益，创造美好的生产生活环境，提高民众生产生活质量。实现新型城镇化目标，不仅要有统筹系统化发展的思维，更需要借助先进的科技手段和先进的发展模式。数字化不仅在发展理念和底层逻辑上与新型城镇化的主张和目标高度契合，还能在技术手段上、发展模式上、驱动机制上等为新型城镇化全面赋能。可以说，数字化为新型城镇化插上了翅膀，数字城镇就是实现数字化与新型城镇化融合发展、产生叠加效应的具体载体，将为新型城镇化建设全面赋能。

4. 数字城镇创新发展是区域协调发展的空间支撑。数字时代，伴随着数字技术和数字化发展，互联网、移动互联网、5G、光纤等数字基础设施的普及和广泛覆盖，网商网购、电子商务、直播带货等新商业模式的大量兴起，缩小了空间差距和发展差距。从空间和发展阶段上看，数字城镇处于数字乡村和数字城市之间，对数字化背景下的城乡协调、区域协调发展具有重要支撑作用。

5. 数字城镇创新发展是高质量发展的载体支撑。高质量发展是现代化建设的首要任务。城镇是经济社会发展的综合载体，数字城镇创新发展旨在以数字化手段和方式建设美好城镇、幸福城镇、低碳环保、生态友好型城镇，其应有之义就是实现城镇经济社会的高质量发展。我国常住人口城镇化率已达66%，数字城镇创新发展承载着数字经济、数字社会、数字政府、数字生态建设的很多重任，是我国高质量发展的重要支撑载体。

四、数字城镇创新发展的核心体系及新模式

不同的发展理念和目标决定着不同的城镇发展思路和发展路径以及资源配置、环境构建等发展要素的不同组合和排序，形成城镇不同的发展模式和道路选择。按照数字化发展的本质和理念要求，城镇数字化是一个复杂的、动态的发展系统，数字城镇创新发展要将城镇作为一个复杂的生命系统和综合载体，按照“数字中国”建设的总体原则，以整体性、系统性、协同性统筹城镇发展内容，将经济、社会、政府、公共服务、城市治理、生态环境等统筹纳入城镇重点发展的核心体系框架。

归结起来，数字城镇创新发展的核心体系由三大相互关联、相互融合、相互支撑、不断循环的发展内容构成，即数字经济、数字政府、数字社会。

（一）发展数字经济是数字城镇创新发展的核心和引擎

数字经济是数字城镇发展的核心驱动，统领和全面赋能数字政府、数字社会，是推动数字城镇创造新价值、增加财富、提高居民收入、增强居民获得感的现实途径，是数字城镇创新发展转换发展方式、形成新发展动能和新发展模式的关键。数字城镇发展数字经济的重点在于：

1. 支持传统产业转型升级、赋能产业创新发展。数字经济正在成为产

业升级和重构的重要驱动力，加快推动城镇产业数字化发展，加快低端产业数字化转型升级，推动数字技术的普及和应用，加快农业现代化、数字化发展步伐，因地制宜发展现代服务业，以文化、旅游、教育、体育等C端产业为主导重构第二产业、第三产业，深化三产融合发展。加快培育数字经济新业态，支持平台经济、共享经济，利用互联网、物联网整合线上线下资源，依托互联网平台，大力发展电子商务，通过电商直播、互联网营销平台促进农产品出村进城。加快发展数字农业，推动农业生产智能化、经营网络化；促进服务业数字化发展，加快金融、物流、零售、旅游等生活性服务业数字化进程。因地制宜支持特色产业数字化转型升级，帮助中小城镇特色产业突破时间、空间限制融入到全国乃至全球市场，快速扩大交易规模和覆盖面、降低营销和交易成本、提高特色产品的品牌影响力。

2. 引领发展方式转变。发展数字经济要着力发挥数据要素作用，加大数据驱动力度，转换经济发展方式，打造数字经济新发展模式。数字城镇创新发展需要数字经济提供可持续的创新动力和新的商业模式。总之，加快城镇经济数字化发展，提高数字经济占比，通过三产融合发展，带动农民增收，吸纳更多农村人口进城，通过发展新经济、新业态扩大城镇就业岗位，提高城镇居民收入，缩小收入差距，提高城镇生产生活水平和发展质量。

（二）建设数字政府是数字城镇创新发展的主导和关键

地方政府是推动城镇数字化发展的主导力量，政府的决策和顶层规划、政务水平、治理能力等都构成对数字城镇创新发展的影响和制约。数字政府建设是数字城镇创新发展的主导内容。数字政府建设涵盖两个方面，一方面要加强数字政府自身建设，提高政务数字化服务水平和治理能力；另一方面，提升数字政府对外赋能城镇产业创新发展、经济数字化建设的能力。具体包括：

1. 加强政府政务信息系统建设，夯实城镇网络信息基础，建设覆盖广、便捷高效的政务服务平台、数据共享平台、协同办公平台，推动政务专网建设，推动政务业务流程全面优化、系统再造，打通数据跨层级、跨系统、跨部门、跨业务的共享和流通。

2. 主动运用数字技术和互联网思维改进政务服务模式，拓展政务服务功能，推动"一网通办""一站式办公"和网上审批等，让百姓少跑腿、数据多跑腿，创新政务服务模式，提升政务服务水平。

3. 搭建公共数据平台，有序开放公共数据，赋能城镇产业发展。政府汇集了大量的民生和产业数据，数据资源丰富，权属相对清晰，数据质量高、价值大。但是，要让数据发挥作用，政府要有序开放、授权经营，发挥公共数据资源的价值，赋能城镇产业发展。

（三）建设数字社会是数字城镇创新发展的基础和保障

我国"十四五"规划明确提出建设数字社会的目标要求，深入推进数字技术在公共服务、城市治理、乡村振兴等方面的广泛应用。对于数字城镇建设来说，一是着力运用数字技术开发各种便民应用，加快发展数字教育、数字医疗、数字社保、数字就业等民生项目；二是建设新型智慧城镇，强化数字技术在城镇规划、设计、建设、治理和服务领域的应用，推进智慧物流、智慧安防、智慧水利等建设，提高城镇管理科学化、精细化水平。三是城乡联动，加强城镇和乡村互联网基础设施建设，扩大光纤网、宽带网的覆盖面，提高城乡百姓生活数字化服务水平。四是加强城镇数字化教育和培训体系建设，根据城乡现实情况，开展数字技能培训，普及数字知识，营造数字文化氛围，提高城乡民众数字素养。

（四）数字经济与数字政府、数字社会良性循环构成数字城镇创新发展的核心发展体系

加强数字经济赋能数字政府建设。发展数字经济不仅为数字城镇创新发展打下经济基础，也为数字政府建设提供基础支撑和技术赋能。数字政府建设需要大量财政投入，发展数字经济新产业可以为城镇带来新的经济

增长点，扩大财源，提高地方政府收入和经济实力，为数字政府建设提供财力支撑。同时，数字经济推动数字技术进步，为打造高效透明的政务运行体系、公共服务体系、执法监管体系、政府治理体系等提供技术支持。数字经济强化数据驱动、模式创新，可以更好地提高数字政务效率和改革进程，推动地方政府由管理职能向服务职能转变，加快政府治理模式创新，提高地方政府治理能力和治理水平。只有构建适用于数字经济发展规律的数字政府，才能安全高效地提升治理水平，进而规范和引导数字产业的健康长期发展。

加强数字经济对数字社会发展的支撑。数字经济发展也为数字社会建设发挥支撑性作用。近年来，数字技术不断融入居民生活，网上购物、线上支付、网络课程、互联网诊疗等逐渐成为人们生活、工作的常态，成为创造美好生活的重要手段。数字产业在提升民众衣食住行、医疗教育、社区服务等民生领域的智能化服务水平方面发挥着重要作用。在就业领域，数字平台模式大大降低了就业门槛，提高了劳动者就业效率，电商、直播、外卖等行业平台提供了大量的岗位需求，成为吸纳就业重要渠道。同时，数字社会建设深刻影响人们的思想观念和思维方式，不断创造新的产业形态和商业模式，也为数字产业发展提供了深厚的土壤。数字经济活动深度融合到数字社会建设的方方面面，成为数字社会建设的核心支撑。

（五）数字城镇创新发展的保障体系及新制度

有效的政策支持、健全的制度保障、良好的营商环境，是城镇数字化转型和创新发展的前提，也是政府推动数字城镇建设的具体行动体现。因此，数字城镇创新发展需要政府创新政策举措，形成创新的制度环境。

1. 创新政策体系。政策支持代表政府推动城镇发展的导向。数字城镇创新发展一是要加强顶层设计和战略规划指引，建立政策清单，搭建政策体系，明确政策方向；二是要围绕数字城镇建设和创新发展，以数字经济、数字化转型、数字产业发展、产业数字化新业态等为主要方向，出台资金、人才、财政、税收等方面的支持政策。三是鼓励创新，对协同创新、成果转化、技术应用、科普教育、缩小数字鸿沟等加大政策支持和扶持力度，改善城镇数字化基础和应用环境，为数字城镇建设夯实基础、营造环境、保驾护航，激发各类主体参与数字化发展的积极性。

2. 健全规则制度。建章立制为数字城镇建设提供依据。围绕城镇数字化转型规划，制定地方性法规以及配套实施办法。围绕城乡数据要素市场建设，针对数据获取、归集、清理、开发、使用等制定管理办法。围绕平台组织、网络营销等新业态、新模式，制定数字经济新规则。针对各种市场创新活动，实施包容审慎监管，加强监测、监督，完善数字经济治理制度和规章。

3. 优化体制机制。推动城镇管理体制机制创新，适度调整组织机构，适应数字经济、城镇数字化统筹发展的需要。成立城镇数字化发展工作领导小组，加强对数字城镇建设重点工程、重点项目、重点事宜的统筹调度。围绕数字城镇基础设施建设，针对住建、发改、交通、道路、水务等各种部门分割问题，建立协调沟通机制。

五、数字城镇创新发展的资源体系及新基础

数字化发展改变了城镇发展运行的逻辑，数字城镇创新发展需要的资源基础、要素结构等不同于传统城镇发展。物理资源、创新资源、人才资源构成数字城镇创新发展的三大基础支撑。

物理资源主要指城镇有形的基础资源。传统背景下，城镇对地理位置、自然环境、交通条件、物产等依赖度较高。数字化背景下，数字基础设施成为城镇发展的关键。数字基础设施是城市数字化发展的底层支撑，一方面，加快建设以互联网为核心的传统信息基础设施建设，提高城乡网络覆盖率，提高网速、传输容量等。另一方面，在城镇、城乡层面统筹布局新型数字基础设施，利用中小城镇自然地理特点布局数据存储设施等。完善城镇数字基础设施系统，推动传统基础设施更新迭代，逐步实现城镇生产生活硬件设施全面数字化，为提高城镇产业延展能力、生活服务

能力和融合应用能力构建健全的基础设施。

创新资源主要指科研院所、高等院校、研发机构、科研论文、学术著作、实验室等开展科学研究、技术创新的资源，支持思想创新、技术创新、方法创新、模式创新等，高创新性是数字经济和数字化发展的基本特征，是驱动数字化发展的关键因素。对于城镇来说，科研机构、企业研发部门等创新资源不足，一方面加强创新资源利用成为其发展的主导方向，另一方面，加强特色创新、模式创新、思想创新、思路创新成为其发展的关键。同时，加强职业技术教育，培养行业技术人员，与大中城市、大型企业形成区域联动、政企联动，推动创新成果在城镇层面的转化应用，以创新的发展方式驱动数字城镇创新发展，提升城镇数字赋能成效。

人才资源是城镇数字化发展的主导力量，数字人才是数字城镇发展的关键。数字技术的发展以及网络信息技术不断向传统领域扩张和融合，对人才产生了越来越高的需求，兼具创新能力、融合发展、技术业务、管理实践的未来人才站在了时代的潮头。然而，数字人才匮乏是各大城市发展的普遍问题，更是城镇发展的痛点。中小城市本身区位优势并不明显，在数字时代背景下，要通过数字化改造，创建适合数字经济新业态、新模式的数字营商环境，放大中小城镇生态环境好、空气质量优、小城人文特色浓等特点，通过经济社会各方面的数字化转型，提供更高品质的公共服务、生活环境和产业发展空间，更好地满足人们对美好生活的需要，吸引人才留在当地、甚至吸引其他城市的人才流入，减少大城市对人才的“虹吸效应”，有效推动数字城镇创新发展的人才建设。

第七章
数字城镇创新发展评价体系

随着数字技术在经济社会领域的广泛渗透，数字城镇化成为当今时代亟待深化研究的重大课题。在数据成为核心生产要素的当下，数字经济已经成为重组要素资源、提高生产效率、改变城市发展路径的关键力量。具有天然创新属性的数字化赋能新型城镇化，是新时代新阶段新型城镇化的必然选择和增长引擎。《数字中国建设整体布局规划》强调：要在继续做强做优做大数字经济的同时，深入推进社会数字化发展。不断提高经济社会协同数字化水平，提高数字中国建设的整体性、系统性、协同性。研究数字经济背景下新型城镇化高质量发展的路径，对建设数字中国具有重要意义。

本章将从数字基础设施、数字生产要素、数字特色产业、数字政府治理、数字社会建设五个维度，系统构建数字城镇创新发展评价体系。本评价体系力求实现以下三个目标：第一，为未来数字城镇建设提供路径参考。我们以理论研究为基础，从应然角度提出了数字城镇指标体系，并以此为基准审视实践中的优势与不足，为后续发展指明方向。第二，科学评估数字城镇建设的现状与进展。本指标体系搜集、设计了各个维度的数字城镇建设相关量化指标，力求指标的代表性和前沿性，为评估数字城镇建设的现状和进展提供数字依据。第三，总结经验，打造数字城镇建设标杆。本指标体系可以识别数字经济发展的先驱城镇，总结先进经验，为推广成功经验提供支持。

一、指标选取原则

（一）前瞻性和引领性原则

数字经济正处于蓬勃发展阶段，很多新技术、新业态还是新生事物，难以用传统统计指标来衡量。本报告的指标体系将力求站在新技术、新业态发展的前沿，挖掘衡量工业互联网、数据中心、金融科技、电子商务等新生事物发展情况的指标，测度数字城镇发展的创新力。

（二）全面性和代表性原则

数字经济发展是一个生产要素、生产力、产业结构、社会组织方式全面变革的过程，涉及诸多维度。本章的指标体系将借鉴既有指标体系，建立全面覆盖基础设施、生产要素、产业、政府、社会五大维度的指标体系，选取最有代表性的指标，衡量数字城镇创新发展的综合水平。

（三）可操作性原则

为了保证评价指标的可比性和操作性，本指标体系的数据来源于全国范围内公开、可获取的指标信息。一方面，从统计局数据中搜集统计指标，从中选取与评价数字城镇创新发展密切相关的指标；另一方面，挖掘上市公司数据库、独角兽企业数据库、高新技术企业名单、淘宝村、淘宝镇名单等多个数据来源，设计了具有前沿性、可比性及可操作性的度量指标。

二、指标体系设计

基于数字经济和城镇化的相关理论，我们从数字基础设施、数字生产要素、数字特色产业、数字政府治理、数字社会建设五个方面选取指标，构建数字城镇创新发展评价指数。

（一）数字基础设施

数字基础设施是数字城镇发展的底层支撑。《“十四五”数字经济发展规划》提出，优化升级数字基础设施，包括加快建设信息网络基础设施、推进云网协同和算网融合发展、有序推进基础设施智能升级。

数字基础设施模块包括两个二级指标。①网络基础设施：目前，互联网宽带、移动互联网普及度较高，但不同地域之间仍存在差距；此外，5G 处于全球网络基础设施建设的前沿，因此本二级指标包括 5G 基站密度、互联网宽带普及率、移动互联网普及率等指标。②新型数字设施指的是新一代数据存储、计算和应用的支撑设施，将为新一轮数字技术革命提供必要基础，包括绿色数据中心、工业互联网示范项目数量等指标。

（二）数字生产要素

从微观生产函数的角度出发，数字经济将全面改造我们的生产函数：首先，创造了新的生产要素——数据。海量数据聚合、加工产生的价值，是数字经济发展的原动力。2020 年 4 月，中共中央、国务院发布了《关于构建更加完善的要素市场化配置体制机制的意见》，将数据作为与土地、劳动力、资本、技术并列的生产要素，要求“加快培育数据要素市场”。其次，数字技术进步成为核心驱动力，云计算、大数据、物联网、人工智能、区块链、量子计算等新技术层出不穷，一波又一波的数字技术创新推动了生产力革命。最后，数字城镇的发展也高度依赖人才和资金投入。

数字生产要素模块包括四个二级指标：①数据要素积累：衡量公共数据和产业数据的积累量。公共数据是各级行政机关和事业单位，在依法履行公共治理和公共服务过程中制作或者获取的各类数据资源。产业数据是互联网平台和各类工商企业在日常生产、服务经营过程中积累的数据资源。该二级指标包括公共数据开放量、公共开放数据平台独立用户访问总量、数据资产入表规模等指标。②数字人才资源：衡量数字城镇发展的人才资源，包括每万人的 R&D 人员数量、每万人的高校在校学生和教师数量等指标。③数字融资投入：衡量数字城镇发展的资金投入，包括固定资产投资、数字领域独角兽融资金额、地方财政科学技术支出强度等指标。④数字技术创新：数字技术进步是数字经济的关键驱动力，体现在 ICT 专利数量、高新技术企业专利授权数量等指标。

（三）数字特色产业

数字特色产业发展是数字经济的核心内容。数字经济驱动新型城镇化高质量发展，本质上是以特色产业及头部企业为主体，以数字技术、数字资产为核心，重新聚集产业创新要素、重新构建行业发展模式，形成产业数字发展新生态。数字技术主导生产力革命，将催生数字核心产业发育，站在技术革新和商业业态的最前沿，同时也在推动传统产业的数字化改造。

数字特色产业模块包括三个二级指标。①数字核心产业集聚，是数字经济发展的核心内容。数字技术主导生产力革命，将催生数字核心产业发育，站在技术革新和商业业态的最前沿。“十四五”规划提出了“数字经济核心产业增加值占 GDP 比重将达到 10%”的目标。数字核心产业集聚二级指标包括淘宝村和淘宝镇数量、电子商务企业数量、金融科技企业数量、数字领域独角兽企业数量和估值、集成电路产量等细分指标。②农业数字化，意味着普及农业智能化生产、网络化经营，依托互联网促进农产品出村进城。农业数字化二级指标包括国家现代农业示范项目建设、电子商务进农村示范县项目、农产品网络零售额等三级指标；③工业数字化，意味着大力发展智能制造，实施工业互联网创新发展战略，支持工业机器人、工业互联网等技术发展，建设智能工厂，发展普惠性“上云用数赋智”，推动制造业数字化、网络化、智能化。工业数字化二级指标包括国家新型工业化示范基地建设、灯塔工厂数量、上云用数赋智行动等三级指标。

（四）数字政府治理

数字技术除了提高生产力之外，也在改造生产关系，政务服务、社会生活都面临着数字化改造。数字经济标杆城市，也意味着政府治理模式和民众生活模式的前沿探索，构建以数字化为特征的现代化治理体系。

数字政府治理模块包括三个二级指标。①数字政策水平：数字经济相关法律法规、政策的发布，能够为数字经济的健康发展保驾护航，激发积极作用，减少负面影响。数字政策水平二级指标包括数字经济相关政策发布、数字经济相关法律法规（包括立法、审议和论证阶段）、数字经济相关标准建设等细分指标。②数字政府建设：数字政府建设以数字技术为基础，打造高效透明的政务运行体系、公共服务体系、执法监管体系，从而提高政府的治理能力。数字政府建设二级指标包括可全程在线办理政务服务事项占比、政府门户网站留言平均办理天数、网上政务服务指数等细分指标。③营商环境：营商环境是稳定市场信心、激发经济发展活力、推动高质量发展的重要因素。

（五）数字社会建设

近年来，各个社会事业领域内，技术革命成果不断融入生产生活，人民消费模式、生活方式、社会交往方式、社会组织方式等都发生了深刻变革。

数字社会建设模块包含三个二级指标。①数字消费水平：衡量数字经济在购物消费中的渗透度，包括网上零售额与社会零售总额之比等三级指标。②数字公共服务：数字化有助于创新公共服务供给方式、提升公共服务品质。要围绕民生保障重点领域，在教育、医疗、养老、抚幼、就业、文体、助残等方面推动数字化服务普惠应用。数字公共服务二级指标包含辖区医院智慧服务等级、数字出行和数字医疗等平台用户数量等三级指标。③数字金融服务：以数字技术赋能金融服务，能够不断提升普惠金融的下沉深度、覆盖广度，提升居民金融服务可得性。数字金融服务二级指标包含数字普惠金融指数、数字人民币普及率等三级指标。

表 7.1　数字城镇创新发展评价体系

一级指标	二级指标	三级指标
数字基础设施	网络基础设施	互联网宽带普及度
		移动互联网普及度
		电信业务总量/常住人口
		每万人的 5G 基站数量
	新型数字设施	绿色数据中心数量
		周边接壤地区绿色数据中心数量
		工业互联网示范项目数量
		水电燃气系统末端智能化率
数字生产要素	数据要素积累	公共数据开放数据量
		公共数据开放数据集数量
		公共开放数据平台独立用户访问总量
		数据资产入表规模
	数字人才资源	每万人的 R&D 人员数量
		每万人的普通高校在校生数量、教师数量
		信息传输、软件和信息技术服务业从业人员
	数字融资投入	数字领域独角兽融资金额
		地方财政科学技术支出
	数字技术创新	ICT 专利数量
		高新技术企业专利授权数量

续表

一级指标	二级指标	三级指标
数字特色产业	数字核心产业集聚	淘宝村、淘宝镇数量
		数字领域上市公司数量和估值
		数字领域独角兽数量和估值
		专精特新企业数量
		电子商务企业数量
		金融科技企业数量
		数字产品产量（集成电路产量、移动通信手机产量、微型计算机设备产量）
	农业数字化	国家现代农业示范项目建设
		电子商务进农村示范县项目
		农民电商合作社数量
		农产品网络零售额
	工业数字化	国家新型工业化示范基地建设
		灯塔工厂数量
		上云用数赋智行动
		规模以上工业企业的生产设备数字化率
		制造业上市公司数字化转型程度
数字政府治理	数字政策水平	数字经济相关政策发布数量
		政府工作报告中数字化关键词数量
		数字经济相关地方性法规进入立法工作计划的数量
	数字政府建设	可全程在线办理政务服务事项数量
		政府门户网站访问量、留言量、回帖量
		政府门户网站留言平均办理天数
		政务新媒体账号数量、关注人数、信息发布数量
		网上政务服务能力
	营商环境	营商环境指数

续表

一级指标	二级指标	三级指标
数字社会建设	数字消费水平	网上零售额占社会消费品零售总额之比
	数字公共服务	辖区医院智慧服务等级
		重点互联网出行平台月度活跃用户数
		重点互联网医疗平台月度活跃用户数
	数字金融服务	数字普惠金融指数
		数字人民币普及率

第八章
企业数字化转型评价体系

一、数字企业的内涵

1. 数字企业的定义。数字企业是指那些能够充分利用数字技术，实现业务流程数字化、智能化，以提高运营效率、创新能力和客户满意度的企业。

2. 数字企业的特点。数字企业以数据为驱动，通过大数据、云计算、人工智能等技术手段，实现业务流程的自动化、智能化和可视化，从而提高企业的决策效率和响应速度。

3. 数字企业与传统企业的区别。一是运营模式不同。传统企业以产品为中心，而数字企业以客户为中心，通过数据分析和预测来优化产品和服务。二是决策方式不同。传统企业主要依赖经验和直觉进行决策，而数字企业则通过数据分析和挖掘来支持决策。三是创新能力不同。数字企业更注重创新，能够快速响应市场变化，不断推出新产品和服务。

4. 数字企业的核心价值。一是提高运营效率。通过数字化手段优化业务流程，降低运营成本，提高运营效率。二是提升用户体验。通过数据分析和智能化服务，提升客户满意度和忠诚度。三是驱动创新发展。数字技术能够推动企业不断创新，开拓新的市场和商业模式。

二、企业数字转型的政策环境

（一）国家政策对企业数字转型的支持

一是财政支持。国家通过财政补贴、税收优惠等方式，鼓励企业进行数字转型，以减轻企业的经济压力。二是技术支持。国家加大对数字技术创新的投入力度，推动云计算、大数据、人工智能等技术的研发和应用，为企业提供技术支撑。三是人才培养。国家支持高校、科研机构等培养数字化人才，为企业提供人才保障。

（二）地方政府对企业数字转型的扶持政策

一是产业园区建设。地方政府建设数字产业园区，为企业提供优质的办公环境和资源共享平台。二是金融项目合作服务。地方政府与金融机构合作，为企业提供融资支持，降低企业数字转型的资金成本。三是项目合作。地方政府促进企业之间的合作，推动产业链上下游企业协同创新，加速数字转型进程。

三、企业数字转型的技术手段及实现路径

（一）关键技术手段

一是云计算。云计算技术为企业提供弹性、可扩展的计算资源，助力企业实现数据存储、处理和分析的集中化与高效化。二是大数据分析。通过大数据技术，企业能够深度挖掘数据价值，为决策提供支持，优化业务流程。三是人工智能与机器学习。AI 技术可帮助企业实现自动化、智能化运营，提高生产效率和服务质量。四是物联网（IoT）。物联网技术使得设备与系统之间实现互联互通，为企业提供实时数据，便于监控与管理。

（二）技术手段的应用场景与前景

一是云计算应用于数据存储与备份、大数据分析、软件开发与测试等多个场景，为企业提供稳定、安全的计算服务。二是大数据分析在市场营销、风险管理、客户关系管理等领域发挥重要作用，助力企业精准决策。三是人工智能与机器学习技术可应用于智能制造、智能客服、推荐系统等领域，提升企业运营效率与用户体验。四是物联网技术在智能制造、智能物流、智能家居等领域具有广阔的应用前景，助力企业实现数字化转型。

（三）实现路径的规划与执行

1. 组建数字化转型团队。成立专门的数字化转型团队，负责规划的执行与监督，确保转型过程的顺利进行。制定数字化转型规划：结合企业实际情况，制定详细的数字化转型规划，包括投资预算、技术选型、实施步骤等。

2. 明确数字化转型目标。企业应首先明确数字化转型的目标和愿景，确保转型方向与企业发展战略相一致。

3. 实施与调整。按照规划逐步实施数字化转型，根据实际情况进行调整和优化，确保转型成果符合预期。

4. 评估与持续改进。定期对数字化转型成果进行评估，针对存在的问题进行整改，推动企业数字化转型不断升级。

四、企业数字转型战略

（一）数字转型战略的制定与实施

1. 制定数字转型战略。企业需要明确数字转型的目标和愿景，分析内外部环境，评估资源和能力，制定符合自身实际的数字转型战略。

2. 实施数字转型战略。建立数字转型项目团队，明确团队成员的职责和任务，制订详细的项目计划和时间表，确保数字转型战略的顺利实施。

3. 监控与评估。在数字转型过程中，企业需要建立监控机制，定期对数字转型的进展进行评估，及时发现问题并进行整改。

（二）战略执行中的关键成功因素

1. 领导层的支持与推动。企业领导层对数字转型的认识和支持是数字转型成功的关键因素。

2. 组织文化的转变。企业需要建立一种开放、创新、协作的组织文化，以适应数字转型的需要。

3. 技术与人才的储备。企业需要具备先进的技术和优秀的人才来支持数字转型的实施。

（三）战略调整与优化建议

1. 持续优化数字转型战略。企业需要定期评估数字转型的效果，根据实际情况对战略进行调整和优化。

2. 加强跨部门协作。企业需要加强不同部门之间的沟通和协作，确保数字转型的顺利推进。

3. 培养数字化人才队伍。企业需要加强对数字化人才的培养和引进，提高整个组织的数字化素养和能力。

五、企业数字转型的重点内容

（一）业务流程梳理

1. 数字化重塑。对企业现有业务流程进行全面梳理，识别关键流程和环节。

2. 流程优化与重构。在数字化技术应用的基础上，对业务流程进行优化和重构，提高流程效率和灵活性。

3. 数字化技术应用。引入先进的数字化技术，如大数据、云计算、人工智能等，对业务流程进行改造和升级。

4. 数字化平台建设。构建企业数字化平台，实现业务流程的在线化、智能化和可视化。

（二）组织架构的调整与优化

1. 组织架构诊断。对企业现有组织架构进行诊断，识别存在的问题和不足。

2. 扁平化组织设计。推行扁平化组织设计，减少管理层级，提高组织响应速度和决策效率。

3. 跨部门协作机制。建立跨部门协作机制，打破部门壁垒，促进信息共享和资源整合。

4. 数字化人才队伍建设。加强数字化人才队伍建设，培养和引进具有数字化技能和思维的人才。

（三）企业文化与数字转型的融合

1. 企业文化评估。对企业现有文化进行评估，识别与数字转型相适应的文化元素。

2. 创新文化培育。积极培育创新文化，鼓励员工勇于尝试、不断创新，为数字转型提供动力。

3. 学习型组织建设。构建学习型组织，推动员工持续学习、不断进步，适应数字转型带来的变化。

4. 数字化理念普及。加强数字化理念的普及和推广，让员工充分认识到数字转型的重要性和必要性。

六、企业数字转型的指标体系

（一）指标体系的构建原则与方法

1. 构建原则。一是科学性原则。要求指标体系能够真实反映企业数字转型的实际情况。二是系统性原则。要求指标体系全面、有层次。三是可操作性原则。要求指标数据易于获取和计算。四是动态性原则。要求指标体系能够适应企业数字转型的不断变化。

2. 构建方法。可以采用综合评价指标体系的构建方法，包括目标层、准则层和指标层三个层次。目标层是企业数字转型的总体目标，准则层是反映企业数字转型各个方面特征的子目标，指标层是具体可操作的指标。

（二）关键绩效指标（KPI）的选取与设定

1. KPI 的选取。可以从企业数字转型的战略目标、业务流程、技术创新、人才培养等方面考虑，选取能够反映企业数字转型绩效的关键指标，如数字化转型投入产出比、数字化产品研发周期、数字化服务水平等。

2. KPI 的设定。需要根据企业实际情况和行业特点，结合企业数字转型的目标和战略规划，制定具体、可衡量的 KPI 指标，并设定合理的目标值和考核周期。

（三）指标体系的实施与监控

1. 实施步骤。首先需要明确指标体系的具体内容和标准，然后制定数据收集和处理的流程，进行定期的指标数据采集、整理和分析，最后形成报告并反馈给相关部门和人员。

2. 监控与调整。在指标体系实施过程中，需要建立监控机制，定期对指标数据进行评估和分析，及时发现问题并进行调整。同时，随着企业数字转型的不断深入和市场环境的变化，需要对指标体系进行动态调整和优化。

七、企业数字转型的评价流程

（一）评价流程的设计与执行

1. 明确评价目标和范围。据企业数字转型的具体需求和目标，明确评价的对象、范围和评价重点。结合行业特点和数字转型的关键要素，构建全面、科学的评价指标体系。

2. 选择评价方法。根据评价目标和指标体系，选择合适的评价方法，如综合评价法、层次分析法等。组织专家团队，按照评价流程进行评价，并记录评价结果。

（二）评价结果的反馈与运用

1. 结果反馈。将评价结果及时反馈给相关部门和人员，明确改进方向和重点。

2. 结果运用。根据评价结果，制定改进措施和计划，推动企业数字转型的深入发展。

（三）经验总结

对评价过程中发现的问题和成功经验进行总结，为企业后续的数字转型提供参考。

（四）持续改进与优化建议

1. 加强评价团队建设。提高评价人员的专业素质和技能水平，确保评价的准确性和客观性。

2. 建立长效评价机制。定期对企业数字转型进行评价，及时发现问题并进行改进，确保企业数字转型的持续推进。

3. 持续优化评价指标体系。根据企业数字转型的实际情况和外部环境的变化，不断优化评价指标体系，确保其科学性和有效性。

（五）推动评价结果的应用

将评价结果与企业的战略规划、业务创新和人才培养等方面相结合，推动企业数字转型的全面加速。

第九章
城镇数字化全域转型

一、城镇数字化全域转型战略

在全球数字化浪潮的推动下，城镇的数字化转型与升级成为提高城镇竞争力、提升居民生活质量的重要且有效的途径。根据联合国人居署公布的《2022 年世界城市报告》显示：2021 年世界上 56%的人口居住在城市中，预计到 2050 年，全球城市化率有望达到 68%。城镇化进程的加快对城镇管理和服务提出了更高的要求。数字化全域转型不仅是城镇现代化发展的必然趋势，也是解决城镇管理难题、提升公共服务水平的重要手段。

随着信息技术的快速发展，物联网、大数据、云计算、人工智能等新兴技术的应用，为城镇管理和服务提供了全新的手段和工具。通过数字化手段，可以实现城镇资源的高效配置、公共服务的智能化和便捷化、城镇治理的精细化和科学化，进而提升城镇的综合竞争力和居民的幸福感。

（一）城镇数字化转型的概念

城镇数字化全域转型是指通过运用现代信息技术，数据为关键驱动力，实现城镇治理、公共服务、产业发展等各方面的智能化和高效化。这一转型过程涵盖了物联网、云计算、大数据、人工智能等多个领域的技术应用，旨在提升城镇的运行效率、管理水平和居民生活质量。

根据 2024 年国家发展改革委、国家数据局、财政部、自然资源部联合发布《关于深化智慧城市发展 推进城市全域数字化转型的指导意见》，重点需要围绕全领域推进城镇数字化转型，全方位增强城镇数字化转型支撑，全过程优化城镇数字化转型生态三大方面开展相关工作。一是城镇数字化全领域推进：在城镇经济产业、产城融合、城镇治理、公共服务、宜居环境、韧性安全等重点领域，形成一批社会有感、企业有感、群众有感的应用，提升数字化转型质效。二是城镇数字化全方位增强支撑：推进公共设施数字化改造、智能化运营；加快构建数据要素赋能体系，大力推进数据治理和开放开发，夯实数字化转型根基。三是城镇数字化全过程优化生态：加快推进适数化制度创新，持续创新智慧城镇运营运维模式，在更大范围、更深层次推动数字化协同发展。

（二）城镇数字化转型的必要性与紧迫性

1. 城镇数字化转型是响应全球数字化浪潮的需要。数字化转型对城镇发展具有深远的影响。在数字化浪潮的推动下，全球范围内的城镇正在经历前所未有的变革。数字化转型不仅改变了城镇的经济结构、产业结构和社会结构，还深刻影响了城镇治理、公共服务、居民生活等多个方面。各国都在持续发力和推进城镇数字化转型工作，如美国的《白宫城市数字化转型行动倡议》、新加坡的“智慧国家 2025”计划等。可以说，城镇数字化全域转型是全球城镇发展的必然趋势。

2. 城镇数字化转型是顺应国家数字化战略的需要。国家在政策层面强化了对城镇数字化转型的支持与引导。为响应国家数字化战略，各级政府纷纷出台了一系列政策措施。这些政策涵盖了基础设施建设、数据资源共享、产业发展、安全保障等多个方面，为城镇数字化全域转型提供了有力支持。

3. 城镇数字化转型是提升城镇治理数字化能力的需要。城镇数字化全域转型有助于提升城镇治理体系和治理能力现代化。通过数字化技术，可以实现政府各部门之间的信息共享、数据互联、业务协同和流程优化，提高政府决策的科学性、专业性和有效性。同时，数字化技术还可以帮助政府更好地了解市民需求、优化公共服务、提升城镇管理水平。

4. 城镇数字化转型是促进数字经济创新发展的需要。城镇数字化全域转型为数字经济创新发展提供了广阔的空间。数字经济作为新兴产业，具有创新性强、渗透性强、融合性强等特点。在数字技术的驱动下，传统产业不断向数字化、智能化方向发展，提升了产业的竞争力和创新能力。同时，数字经济也为城镇经济发展注入了新的活力，促进了新业态和新模式的涌现。通过数字化转型，可以推动传统产业与数字经济深度融合，培育新的、更多的数字经济企业和产业集群，为城镇发展提供新的经济增长点，促进城镇经济转型升级。

（三）城镇数字化全域转型的目标

城镇数字化全域转型的总体目标是构建数字化、智能化、宜居的现代化城镇，以实现城镇经济、治理、生活等各方面的数字化转型，提升城镇的可持续发展能力和居民的生活质量。

在国家发展改革委、国家数据局、财政部、自然资源部联合发布的《关于深化智慧城市发展 推进城市全域数字化转型的指导意见》中，明确提出到 2027 年，全国城市全域数字化转型取得明显成效，形成一批横向打通、纵向贯通、各具特色的宜居、韧性、智慧城市，有力支撑数字中国建设。到 2030 年，全国城市全域数字化转型全面突破，人民群众的获得感、幸福感、安全感全面提升，涌现一批数字文明时代具有全球竞争力的中国式现代化城市。

二、城镇数字化全域转型现状

（一）全球城镇数字化转型现状

在全球范围内，许多国家和地区已经开始实施城镇数字化转型，并且取得了一定的成绩。例如，美国的智慧城市挑战赛、新加坡的智慧国计划等。这些国家和地区在基础设施建设、政策支持、技术应用等数字化转型方面进行了积极探索和实践，为其他国家和地区的数字化转型提供了宝贵的经验。

1. 美国。美国通过对城市数据的有效采集、管理与应用，在城市交通、能源管理、城市治理和数字政府等方面的城镇数字化全域转型取得了显著的成果。其中智慧城市挑战赛（Smart City Challenge）由联邦政府发起，通过竞争的方式，选出多个城市进行智慧城市建设的试点。例如，哥伦布市曾经在智慧城市挑战赛中获得了4000万美元的联邦资金，这笔资金被用于建设先进的智能交通系统，包括优化交通信号灯、推广自动驾驶技术、建立智能交通监控中心等。同时，哥伦布市还利用这些资金，大力发展智慧社区服务，通过引入物联网、大数据等先进技术，实现了社区服务的智能化和个性化。

2. 新加坡。新加坡“智慧国家2025”计划，作为新加坡的国家级发展计划，得到了政府的充分重视。该计划的主管部门被定为智慧国家和数字政府办公室（SNDGO），隶属于总理办公室（PMO），其下设置政府技术局（GovTech）作为执行机构，这两个部门一起统称为智慧国家和数字政府工作组（SNDGG），负责统筹规划各类智慧国家项目和建设时序安排，推动政府配套政策机制改革，建设政府在公共服务方面的长期能力，集合公众和企业的力量共同建设。该计划围绕健康、交通、城市问题、金融和教育五大主要领域的改革，结合新加坡政府当前致力解决的问题，提出六类智慧国家新方案。新加坡政府的智慧国计划是全球最成功的全域数字化转型案例之一。在洛桑国际管理发展学院发布的2023年全球智慧城市排名中位居全球第七、亚洲第一。

3. 巴塞罗那。巴塞罗那数字城市规划《城市数字化转型的战略路线图》是通过公民、企业和各种利益相关者的协作过程创建的。巴塞罗那智慧城市项目重新构想了城市空间，以提高宜居性和促进社区参与。通过公共广场、公园和步行友好区的复兴兴起，巴塞罗那创造了将人们聚集在一起的包容性空间。城市将智能技术融入到这些空间中，例如智能照明、智能垃圾箱和噪音传感器，以提高公共空间的安全性和舒适性。在数据驱动型治理领域，巴塞罗那已成为全球城市的典范。城市采取了开放数据的举措，如城市操作系统，使公众可以轻松获取信息。巴塞罗那的开放数据计划刺激了许多智慧城市应用和服务的发展，包括城市规划工具到实时信息平台。

（二）中国城镇数字化转型现状

中国在城镇数字化转型方面也取得了显著进展。各地纷纷推出智慧城镇建设规划，推进数字经济发展，优化数字基础设施。

1. 杭州。杭州是中国数字经济发展的标杆城市，在以智慧城市建设为核心的城镇数字化全域转型方面取得了显著成就。例如杭州的城市大脑项目。该项目通过大数据分析和人工智能技术，对城市交通、公共安全、环境监测等进行智能化管理。项目实施后，杭州的交通通行效率提高了15%，公共安全事件的响应时间缩短了30%，环境质量监测的精准度提高了20%。

2. 深圳。深圳在数字经济领域的发展尤为突出，通过政策支持和营造创新创业氛围，培育了大量的数字经济企业。深圳的数字经济规模已经超过3万亿元，占GDP的比重达到35%。深圳在城市治理、公共服务等数字化转型方面也取得了显著成效。深圳通过智能决策系统，实现了城镇治理的精细化和科学化。该系统通过大数据分析和人工智能技术，对城镇的各类数据进行实时监测和分析，提供智能化的决策支持。项目实施后，深圳的城镇治理效率显著提升，公共服务质量大幅提高。

3. 上海。上海在国内城市数字化转型工作中位居前列。其数字基础设施建设、数据资源利用效率、数字经济发展势头、产业数字化能级、数字公共服务体系及数字赋能城市治理等方面都取得了很大的成就。如在数字赋能城市治理方面，上海按照“三级平台、五级应用”逻辑架构，建立市、区、街镇三级城运中心，实现“高效处置一件事”。打造务实管用的智能化应用场景，重点建设城市之眼、道路交通管理（IDPS）、公共卫生等系统。全市重点工程建设项目应用BIM（建筑信息模型）技术比例达

93%。建立实时动态“观管防”一体化的城运总平台，接入了50个部门的185个系统、730个应用；建设高效处置突发事件的联动指挥系统，支撑市城运中心统筹支援、现场决策，实现前线指挥部、后方指挥部、专业指挥部跨地域的联动指挥。

4. 南阳。河南南阳城市综合服务门户“爱南阳”，围绕“门户+支付+数据”构建符合南阳需求的本地数字经济平台。首先是以南阳城市综合服务门户为载体，实现对本地政务服务和公共服务能力的聚合与提升，作为全市政务服务、公共服务和生活服务的统一入口；其次是通过在“爱南阳”上配套建设“诸葛码”统一支付体系，扩展居民数字生活及产业服务场景，带动本地实体经济发展，构建本地消费平台，搭建城乡共富体系，连接供给侧和需求侧，实现对城镇消费活力的激发。最后是依托现有政府数据中台能力，结合数字经济特性，构建城市数字经济数据管理体系，汇聚平台鲜活数据，通过规范化数据治理，以数据赋能本地数字经济平台运转。

三、城镇数字化全域转型的核心理念

（一）以人为本

城镇数字化全域转型的核心之一是从“技术为主”向“以人为本”的转变，是以满足城镇居民日益增长的美好生活需要，提升居民生活质量为新的落脚点来推动数字化转型工作。

1. 优化公共服务，提升居民生活体验。聚焦交通、医疗、文旅、教育、环保等公共服务领域，借助数字化技术，优化公共服务能力。如在交通领域，通过智能交通系统的建设，实现交通流量的实时监测与预测，优化交通信号灯配时，减少交通拥堵，提高出行效率。同时，推广电子支付、在线预约等数字化服务，让居民出行更加便捷；在医疗领域，推动远程医疗、在线问诊等新型医疗服务的普及，提高医疗服务的可及性和效率。通过构建电子健康档案、实现医疗数据的互联互通，为居民提供更加精准、个性化的医疗服务；在教育领域，丰富教学资源，实现优质教育资源的共享。通过在线教育平台，居民可以随时随地接受高质量的教育服务，提升个人素质和能力；在环保领域，推动环境监测、污染治理等工作的智能化、精准化。通过实时监测空气质量、水质等环境指标，及时预警并处理环境问题，保障居民生活环境的质量。

2. 强化公众参与，实现政府决策与居民需求的精准对接。在数字化转型过程中，政府需要注重提高居民的参与度。通过建立数字化平台，鼓励居民积极表达意见和建议，为政府决策提供有力支撑。同时，政府也需要及时回应居民的关切和需求，实现政府决策与居民需求的精准对接。这不仅有助于提升政府决策的科学性和民主性，也有助于提升居民对数字化转型的认同感和支持度。

3. 保障数据安全，确保居民在享受数字化服务过程中的安全。在推动数字化转型的同时，政府必须高度重视居民个人的信息安全问题。通过加强数据安全管理、完善数据保护制度、加强技术防护等措施，确保居民在享受数字化服务的过程中权利不受侵犯。同时，政府还需要加强对数字化服务的监管和评估，及时发现并处理存在的安全隐患和漏洞。

（二）数据驱动

城镇数字化全域转型的关键之一是必须强化对数据的依托，破解各种“数据孤岛”，推动数据整合与共享，强化数据的深度融合和高效利用，夯实数字化技术的应用。

1. 数据整合：打破壁垒，实现全面融合。城镇数字化全域转型的首要任务是整合各类数据资源。这包括政府各部门之间的数据、企业数据、社会数据以及物联网、互联网等产生的实时数据。通过构建统一的数据平台，制定统一的数据标准，可以实现数据的全面整合和高效管理。这不仅有助于消除信息孤岛，还能提升数据的准确性和可靠性，为城镇管理和服务提供有力的数据支撑。

2. 数据共享：促进协作，提升效率。数据共享是城镇数字化全域转型的又一重要环节。通过实现数据共享，促进政府各部门之间的协作，提升工作效率。同时，还能为企业、研究机构等提供丰富的数据资源，支持其开展创新研究和应用。在数据共享的过程中，需要注重保护个人隐私和商业机密，确保数据的安全性和合规性。

3. 数据驱动决策：科学分析，精准施策。在数据整合与共享的基础上，可以利用大数据、人工智能等先进技术手段，对城镇运行状况进行实时监测和分析。通过对海量数据的深度挖掘和智能分析，有助于主动发现城镇运行中的问题和趋势，为政府决策提供科学依据。这种数据驱动的决策方式不仅可以提高决策的准确性和效率，还能增强决策的针对性和前瞻性。

4. 数据创新应用：激发活力，推动发展。城镇数据资源的丰富性和多样性为创新应用提供了广阔的空间。政府应该鼓励和支持企业、研究机构等利用城镇数据资源进行创新应用，推动数字经济的发展。通过开发新的应用场景和服务模式，可以激发城镇创新活力，提升城镇竞争力。同时，还能为居民提供更加便捷、高效、智能的服务体验。

（三）协同共治

政府、企业、社会多方参与，共同推进数字化转型。

1. 跨部门协同：强化政府内部合作，共筑城镇数字化建设基石。在数字化转型的浪潮中，跨部门协同成为推动城镇数字化建设的关键力量。为实现城镇数字化建设的宏伟目标，政府各部门必须摒弃传统的独立工作模式，加强内部协同合作，形成合力。通过构建跨部门协同机制，政府能够确保数字化政策的有效执行，实现资源共享和优势互补，共同解决数字化建设中的难点和瓶颈问题。

为实现跨部门协同，政府需从制度、技术、人才等多个方面入手。首先，应制定完善的跨部门协同政策，明确各部门的职责和权利，确保协同工作的规范性和有效性。其次，应建立统一的技术平台，实现数据资源的共享和互通，为跨部门协同提供有力的技术支持。同时，还需加强人才培养，提高政府工作人员的数字化素养和协同意识，为跨部门协同提供坚实的人才保障。

2. 政企合作：构建智慧城镇生态圈，共创数字化转型新篇章。政府与企业作为城镇数字化建设的重要参与者，其合作关系至关重要。为打造智慧城镇生态圈，推动城镇数字化转型，政府应与企业建立紧密的合作关系，共同探索城镇数字化建设的新模式、新路径。

在政企合作中，政府应发挥引导作用，为企业提供政策扶持和优质服务，鼓励企业积极参与城镇数字化建设。同时，企业也应积极履行社会责任，加大研发投入力度，推动技术创新和产业升级，为数字化城镇生态圈的建设贡献力量。通过政企合作，可以实现资源共享、优势互补和互利共赢，共同推动城镇数字化建设的深入发展。

3. 社会参与：广泛动员社会力量，共创城镇化建设新格局。城镇数字化建设是全社会的共同事业，需要社会各方的广泛参与。为形成政府、企业、居民等多方共治的良好局面，必须充分动员社会力量，共同推进城镇数字化建设。

政府应加强对社会参与的组织和引导工作，建立多元化的参与渠道和机制，鼓励社会组织和志愿者等力量参与城镇数字化建设。同时，还需加强宣传教育，提高居民对城镇数字化建设的认识和参与度，形成全社会共同关注、共同支持的良好氛围。通过社会参与，可以汇聚各方智慧和力量，共同推动城镇数字化建设的深入发展，打造宜居、宜业、宜游的数字城镇。

四、城镇数字化转型的主要内容

在2024年国家发展改革委、国家数据局、财政部、自然资源部联合发布的《关于深化智慧城市发展 推进城市全域数字化转型的指导意见》中，明确提出了包括建立数字化共性基础、壮大数字经济、促进产融结合、推动精准精细治理、丰富普惠数字公共服务、优化绿色智慧宜居环境、提升安全韧性水平等在内的数字化全域转型七大工作内容。

（一）建立数字化共性基础

建立城镇数字化共性基础需要从多个方面入手，包括统一规划与架构、标准化建设、集中运维、线上线下联动、服务管理协同、开放兼容与共性赋能、数字资源集成、共享协作机制以及创新技术应用等。这些措施的实施将有助于提高城镇数字化建设的水平和效率，推动城镇全域数字化转型的深入发展。

1. 统一规划与架构。构建统一规划的城镇运行和治理智能中枢，确保城镇数字化转型的方向和目标一致。实行统一架构，确保不同系统、平台之间的兼容性和互联互通。

2. 标准化建设。确立统一的标准体系，包括数据标准、技术标准、管理标准等，确保城镇数字化建设的规范性和一致性。通过标准化建设，提高城镇数字化系统的运行效率和管理水平。

3. 集中运维。建立集中运维体系，实现对城镇数字化系统的统一管理和维护。通过集中运维，降低运维成本，提高系统的稳定性和可靠性。打造线上线下联动的城镇共性支撑平台，实现线上线下的数据共享和业务协同。

4. 服务管理协同。促进服务管理协同，实现政府各部门之间的信息共享和业务协同。通过服务管理协同，提高政府决策的科学性和准确性，提升公共服务的质量和效率。构建开放兼容的综合性基础环境，吸引更多的企业和个人参与城镇数字化建设。通过共性赋能，为城镇数字化转型提供统一的时空框架和基础服务支持。

5. 算法、模型等数字资源集成。推进算法、模型等数字资源的一体集成部署，提高城镇数字化系统的智能化水平。通过数字资源的集成，实现城镇管理和服务的精细化、智能化和个性化。

6. 共享协作机制。探索建立共性组件、模块等共享协作机制，降低城镇数字化建设的成本。通过共享协作机制，实现城镇数字化资源的共享和优化配置。

7. 鼓励创新技术应用。鼓励发展基于人工智能等技术的智能分析、智能调度、智能监管、辅助决策等功能。通过创新技术的应用，为城镇数字化转型提供强大的技术支撑和保障。

（二）培育壮大数字经济

通过深入推进数字技术与第一、第二、第三产业的深度融合，构建多层次的产业互联网服务平台，因地制宜地发展智慧农业和工业互联网，推动服务业的数字化转型，深化数字化转型促进中心建设，因地制宜地发展新兴数字产业和培育壮大数据产业，推动城镇数字经济的快速发展，提升城镇竞争力。

要鼓励平台企业发挥其在技术、数据和用户资源等方面的优势，构建多层次的产业互联网服务平台。这些平台不仅能够为传统产业提供数字化解决方案，还能促进产业链上下游企业的协同合作，实现资源的高效配置和价值的最大化。

1. 在农业领域，应因地制宜地发展智慧农业。通过应用物联网、大数据、人工智能等先进技术，实现对农业生产全过程的精准化、智能化管理，提高农业生产效率和农产品质量。同时，推动农业与旅游、文化等产业的融合发展，打造农业新业态、新模式。

2. 在工业领域，要加快工业互联网的规模化应用。通过建设工业互联网平台，推动企业实现设备联网、数据互通、业务协同，提升企业的生产效率和管理水平。同时，加强工业大数据的挖掘和应用，推动企业实现基于数据的决策优化和创新发展。

3. 在服务业领域，要推动金融、物流等生产性服务业和商贸、文旅、康养等生活性服务业的数字化转型。通过应用数字技术，提升服务效率和质量，创新服务模式，满足消费者日益多样化的需求。同时，加强服务业与制造业的融合发展，推动服务型制造和工业互联网等新业态的发展。

4. 因地制宜地发展新兴数字产业。根据城镇的特点和优势，加强大数据、人工智能、区块链、先进计算、未来网络、卫星遥感、三维建模等关键数字技术在城镇场景中的集成应用。通过建设一批具有引领性的数字产业项目，加快技术创新成果的转化和应用，打造具有国际竞争力的数字产业集群。

5. 培育壮大数据产业。通过发展一批数据商和第三方专业服务机构，提高数据要素的应用支撑与服务能力。同时，加强数据资源的整合和共享，推动数据资源的开发利用和价值挖掘，为数字经济的发展提供有力支撑。

（三）促进产城融合发展

在探索未来城镇发展路径时，创新生产空间与生活空间的深度融合成为推动城镇数字化转型的关键策略。这一过程要求我们深刻理解并实践“数字孪生城镇”的理念，即通过大数据、物联网、人工智能等先进技术手段，对城镇物理空间进行实时模拟、分析与优化，实现城镇空间开发利用的精细化管理和科学决策。具体而言，包括以下几个方面：

1. 加强城镇空间开发利用的大数据分析。利用大数据技术深度挖掘城镇空间的使用模式、人口流动趋势及资源分布情况，为城镇规划、交通布局、公共服务设施配置等提供科学依据。通过算法模型预测未来发展趋势，优化城镇功能布局，促进土地资源高效利用，减少“城镇病”。

2. 推进数字化赋能郊区新城。以数字技术为核心驱动力，推动郊区新城的智慧化建设，如智慧交通、智慧能源、智慧环保等，形成与中心城区互补的城镇多中心格局。通过数字化手段促进教育资源、医疗资源、文化娱乐等公共服务均等化，吸引人口和产业向郊区扩散，实现均衡发展。

3. 城镇“数字更新”与微单元智能化升级。在城镇微单元（如街区、商圈）层面，推动基础设施的智能化改造，如智能路灯、智能停车、智慧安防等，提升居民生活质量与城镇治理效能。同时，鼓励创新数字应用场景，如智慧零售、无人配送、社区健康监护等，增强城镇的数字活力与互动体验。

4. 深化城镇场景开放与产业融合。通过开放城镇数据和场景，鼓励企业、科研机构参与城镇问题解决与服务创新，促进以城带产。比如，建立城镇创新实验室，邀请多元主体共同探索智慧交通、智慧物流等领域的解决方案，提升产业聚合力和城镇竞争力。

5. 加速创新资源共享与跨区域协同。发展虚拟园区和跨区域协同创新平台，打破地理界限，实现知识、技术、资本等创新资源的高效流动与共享。这有助于新创企业快速成长，促进传统产业转型升级，同时增强城镇对数字经济领域人才的吸引力，形成良好的就业生态环境。

（四）推进精准精细治理

在推动城镇精准精细治理的过程中，需深度整合城镇数字化转型与国家重大战略部署，确保城镇更新、空间优化、产业升级、乡村振兴和社会信用体系建设等多维度政策间的高效协同与无缝对接。这不仅要求技术上的革新，更需要治理理念和模式的根本转变。

1. 完善城镇运行管理服务平台与“一网统管”建设。强化城镇运行管理服务平台的功能，通过深化“一网统管”模式，实现城镇规划、建设、管理、运维全链条的数据互联互通，构建城镇治理的数字神经网络。运用大数据、人工智能技术加强对城镇生命体征的实时监测，通过城镇体检与更新的数字化赋能，实现问题早发现、早预警、早处理，促进城镇治理由被动应对向主动服务转变。

2. 构建城镇智能中枢，促进多领域协同治理。依托城镇运行和治理的智能中枢，将状态感知、数据分析、运行调度、应急指挥等核心功能深度融合，形成跨部门、跨领域的协同治理机制。覆盖公共安全、城镇规划、交通管理、市场监管、生态环境保护等关键领域，实现城镇运行状态的全面感知、智能分析、高效协同与敏捷响应。特别是在紧急情况下，能够迅速实现平急转换，保障城镇运行安全稳定。

3. 推动基层智慧治理体系创新。探索建立基层一体化智慧治理体系，加快高频数据的合规回流，确保数据资源能够在基层得到有效沉淀与快速共享，打破信息孤岛，促进业务流程的无缝衔接和上下级之间的高效联动。通过构建数据驱动的服务体系，提升基层治理的精准度与响应速度，提高公众参与感和满意度。

4. 加强城镇信用体系建设与数字服务供应商管理。着重加强城镇自然人与法人的信用体系建设，推动信用信息的高效归集、分析与应用，建立健全信用承诺、守信激励、失信惩戒和信用修复的闭环管理机制。对于数字服务供应商，引入信用评估体系，确保其提供的服务质量和安全性，维护良好的数字服务生态。

5. 推广“城市码”应用，深化“落图+赋码”机制。探索构建基于城镇统一标识体系的“城市码”，将房屋建筑、重大工程项目等关键城市元素纳入数字化管理框架，实行“落图+赋码”，形成多码合一、一码互联的城市服务与治理体系。以此提升城市管理的效率和精度，为市民提供便捷的政务服务和生活服务，实现城市治理的精细化与人性化。

（五）丰富普惠数字公共服务

政务服务数字化转型已成为提升国家治理体系和治理能力现代化的重要途径。政府应该以“一网通办”为基础，进一步提升政务服务效能，构建更加便民惠企的政务服务体系，同时拓展涉企服务的深度与广度，推动公共服务向高效、优质、均衡方向发展，让人民群众在数字时代享受更多改革红利。

1. 提升“一网通办”效能，推动政务服务从“能办”到“好办”。环节精简与流程优化：全面梳理政务服务事项，通过技术手段实现申请材料最小化、审批流程最优化，确保高频事项“一网通办”率达到更高水平。实施流程再造，减少不必要的审批环节，提高审批效率，实现“高效办成一件事”的基本覆盖。一是增值服务探索。在“一网通办”基础上，探索政务服务增值化改革，如提供在线咨询、政策推送、个性化服务定制等，提高服务的主动性和针对性，满足企业和群众的多样化需求。二是多元参与和公众监督。建立健全多元参与机制，鼓励社会组织、企业、公众等参与政务服务评价和监督，形成共治共享的良好局面。建立健全反馈机制，及时回应民众关切，提升服务满意度。

2. 拓展涉企服务，优化营商环境。服务广度与深度拓展：针对企业全生命周期需求，拓宽涉企服务范围，涵盖注册登记、税务办理、融资支持、政策咨询等多个领域，为企业提供一站式、全方位服务。社会保障卡“一卡通”建设：探索以社会保障卡为载体，整合各类居民服务功能，实现“一卡通办”“一卡通享”，提升居民服务便捷性和体验感。

3. 加快数字技术与公共服务深度融合。公共服务数字化转型：推动数字技术在教育、医疗、住房、就业、养老等领域的广泛应用，促进优质公共资源跨时空共享。加强数字化赋能保障性住房建设和城中村改造，提升居住品质。适老化与无障碍改造：针对老年人和残疾人等特殊群体，推进公共服务设施与数字技术的深度融合，打造适老助残无障碍环境，助力重点人群跨越数字鸿沟。智慧养老与社区服务：构建低成本、高体验、交互式的社区、居家智慧养老服务场景，提供个性化、精准化的养老服务。

4. 拓展数字生活智能化与消费新场景。数字生活普及：加快智慧餐饮、智能出行、数字家庭、上门经济、即时零售等新场景建设，推动数字生活智能化发展，提升居民生活品质。城市数字消费新地标：依托数字技术打造具有地方特色的城市数字消费新地标，促进数字经济与实体经济深度融合，激发消费潜力。

5. 强化城市文化遗产保护与智慧旅游。文化遗产数字化保护：加强城市历史文化遗产保护传承的数字化应用，利用数字技术深入挖掘城市特色文化资源，实现文化遗产的数字化保存、传承与创新。丰富数字文创、数字内容等服务供给，推动智慧旅游建设，提升旅游体验，促进旅游产业高质量发展。

6. 深化“一网通办”改革，推动政务服务增值化转型与公共服务全面升级，是提升国家治理效能、优化营商环境、增进民生福祉的重要举措。政府应继续秉持以人民为中心的发展思想，不断探索创新，让人民群众在数字时代享有更加便捷、高效、优质的公共服务。

（六）优化绿色智慧宜居环境

在迈向可持续发展的新时代，优化绿色智慧宜居环境成为构建和谐社会与促进生态文明建设的关键路径。这一进程不仅要求我们提升生态环境的监管与治理体系，实现监管的高效协同，更需借助智慧科技的力量，打造出一个集智能化监测、数据分析与综合管理为一体的生态环境数字化网络。通过跨部门合作，打破信息壁垒，实现生态治理业务的深度融合与数据的无缝联动，为美丽城镇的构建提供坚实的技术支撑和数据驱动，确保每一项环保行动都能精准施策，高效执行。

1. 强化城镇地理信息公共服务功能。依托 CIM（城市信息模型）、BIM（建筑信息模型）、GIS（地理信息系统）等技术整合城市地上地下、室内室外、历史现状未来多维多尺度信息模型数据和城市感知数据，构建起三维数字空间的城市信息有机综合体。建立智能化国土空间规划模型，进行土地使用效率评估、生态敏感区识别及城镇扩张预测等工作，逐步构建起覆盖全面、响应迅速的规划实施监测网络，确保城镇发展与自然保护并行不悖，促进人与自然和谐共生。如北京市利用“空气质量监测超级站”集成多种监测设备，实时发布 PM2.5、Ozone 等关键污染物浓度，为公众健康预警及环境政策制定提供数据支持；浙江省“五水共治”项目，通过构建跨部门协作机制，整合水利、环保、农业等部门力量，有效解决了全省的水污染问题，显著改善了水质。

2. 鼓励地方积极探索省市县三级联动的碳达峰、碳中和数智化管理新路径，对于实现长期的气候目标至关重要。通过精细化管理，对重点行业及区域的碳排放进行实时监测与深入分析，可以精准识别减排潜力，制定出更加科学合理的减排策略。同时，将这一理念融入产业园区、商务区等城镇重要功能区的建设之中，推广零碳智慧园区和绿色智能建筑的实践，不仅能有效减少碳足迹，还能引领城镇绿色转型的新风尚。例如上海临港松江科技城，作为全国首个“国家绿色生态城区试点”，通过建设屋顶光伏电站、雨水收集系统和智能照明系统，大幅减少了园区的碳排放。

3. 构建一个包容性的碳普惠机制，鼓励社会各界广泛参与，是促进全民低碳行动的关键。通过建立个人与企业的碳账户体系，记录碳足迹，不仅可以提升公众对于自身行为碳排放影响的认识，还能激发减碳的积极性，形成良好的低碳生活习惯。结合数字技术，开发碳足迹追踪、碳积分奖励等应用，使低碳生活成为一种便捷、时尚的生活方式。倡导绿色出行、数字消费等低碳生活方式，不仅是对个体行为的引导，更是对整个社会消费模式的重塑。通过政策引导和技术支持，促进居民生活的数字化与绿色化同步转型，如推广电动汽车、共享单车等绿色出行方式，鼓励线上会议、电子发票等数字化手段减少纸张消耗，这些举措将从细微处累积起巨大的环境效益，共同推动社会向更加绿色、智能、可持续的未来迈进。例如深圳市推出的“低碳星球”小程序，用户通过步行、骑行、乘坐公共交通等低碳行为积累碳积分，积分可用于兑换地铁票、共享单车券等，激励公众采取低碳生活方式。

总之，优化绿色智慧宜居环境是一项系统工程，需要政府、企业和公众三方面共同努力，通过技术创新与制度创新的双轮驱动，实现经济发展与环境保护的双赢，共创人与自然和谐共存的美好家园。

（七）提升安全韧性水平

在当前城镇化快速推进的背景下，提升城镇安全韧性水平已成为我们不可回避的重要任务。为了实现这一目标，我们需要从物理空间和数字空间两个维度出发，全面加强城镇物理空间安全管理，构建高效、协同的应急处置体系，并切实保障数据安全和个人隐私。

1. 加强城镇物理空间安全管理。通过提升应急广播等城镇安全风险预警信息发布手段，确保信息的及时、准确传递。政府应围绕“高效处置一件事”的原则，完善城镇常态事件和应急事件的分类处置流程，打破城镇管理中的条块分割和信息壁垒，构建一个全链条、全环节联动的应急处置体系。以此确保城镇在面对各种突发事件时，能够弹性适应、快速恢复，最大限度地减少损失。

2. 加强城镇数字空间安全管理。政府通过建立健全网络安全监测预警和应急处置机制，构建城镇网络运行安全管理体系。这包括加强通信网络基础设施的韧性建设，确保网络服务的稳定性和可靠性。政府还要加快推进城镇数据安全体系建设，依法依规加强数据收集、存储、使用、加工、传输、提供、公开等全过程的安全监管。通过落实数据分类分级保护制度，压实数据安全主体责任，确保数据的安全性和合规性。

3. 加强个人隐私的保护。政府需要建立健全个人隐私保护制度，防止数据滥用和泄露。在推进建设有韧性的城镇数据可信流通体系的同时，还要健全数据要素流通领域的数据安全实时监测预警、数据安全事件通报和应急处理机制，及时发现和应对数据安全风险，保障数据的合法、合规流通和使用。

总之，提升城镇安全韧性水平需要政府全面加强城镇物理空间和数字空间的安全管理，构建高效、协同的应急处置体系，并切实保障数据安全和个人隐私，以此确保城镇在面对各种挑战时能够保持稳健、有序的发展态势。

五、城镇数字化全域转型的实施路径

（一）制定转型规划

政府在推动数字化转型中，核心在于确立清晰目标、构建专业团队、制定详实规划并确保有效执行。首先，明确转型的总体目标与具体任务，聚焦提升公共服务、经济增长、社会治理的数字化水平。其次，组建跨领域专家团队，负责深入研究、分析现状与趋势，为转型提供科学依据。最后，制定包含短期至长期目标、资源配置、责任分配及风险控制的详尽规划蓝图，并设定时间表，确保转型有序进行。同时，建立监督评估机制，及时跟踪进度，提高透明度与公众参与的积极性。

（二）加强政策引导

政府在推动城镇数字化发展进程中，应充分发挥引领与协调的主导作用，通过精准施策，激发地方潜能，促进数字经济与实体经济深度融合。具体而言，政府应深入调研各城镇的实际情况与特色优势，设计一套符合本地实情的政策措施体系，加速数字技术应用，优化产业结构，提升公共服务效能。在税收优惠、财政补贴、人才引进与培养等方面提供定制化政策支持。

1. 税收优惠。针对高科技企业、创新型初创公司以及从事数字经济关键技术研发的企业，实施差异化的税收减免政策，减轻企业负担，激励技术创新与产业升级。

2. 财政补贴。为鼓励数字基础设施建设，如 5G 网络、数据中心、智慧城镇项目等，提供直接财政补助或低息贷款，加速数字基础设施的普及和完善。

3. 人才引进与培养：推出人才吸引计划，包括住房补贴、子女教育优待、科研经费支持等，吸引高端数字技术人才和团队入驻。同时，加强与高校、职业培训机构的合作，定制化培训课程，提升当地就业者的数字技能。

（三）推进数字基础设施建设

各地应该结合自身在数字基础设施建设领域的实际情况，聚焦转型关键细分领域，推动短板快速补齐，不宜求全求大。

1. 加强数字基础设施规划与建设。适度超前布局数字基础设施，包括高速宽带网络、云计算中心、大数据平台等，确保数字基础设施与城镇发展需求相匹配；加快推动 5G 网络规模化部署和融合应用，提高网络覆盖率和数据传输速度，为各类数字化应用提供有力支撑；建设完善全域一体化大数据中心体系，实现数据资源的集中存储、共享和高效利用。

2. 支持数字技术创新与应用。深化关键核心技术自主创新，提升核心产业竞争力，鼓励企业加大研发投入力度，培育数字产业新动能；大力培育新业态新模式，推动数字经济与实体经济深度融合，打造具有国际竞争力的数字产业集群；加快推动城镇数字化转型，推动智慧城镇、智慧社区、智慧园区等建设，提高城镇管理效率和服务水平。

3. 提升公共服务数字化水平。加快推动“互联网+政务服务”发展，优化政务服务流程，提高政务服务效率，为群众提供更加便捷、高效的政务服务；推动养老、教育、医疗、社保等社会服务数字化智能化水平提升，提高服务质量和效率；加强城镇数字化融合，推动乡村地区的数字化发展，缩小城镇数字鸿沟。

4. 加强数字经济治理体系建设。完善数字经济治理体系，提升数字化治理能力，建立健全数字经济法律法规和政策体系；加强新就业形态劳动者权益保障，推动完善数字经济领域的劳动法律法规；构建多元共治新格局，加强政府、企业、社会等各方在数字经济治理中的协作和配合。

（四）构建数据要素市场体系

各级政府应响应国家号召，明确本地的数据要素市场体系的建设目标，建立一个公平、高效、安全的数据要素交易环境，推动数据要素的有序流动和高效利用，支持本地的城镇数字化全域转型工作。

1. 完善数据要素市场的规则体系。制定数据交易规则，明确数据交易的规则和标准，包括数据所有权、使用权、交易方式、定价机制等，确保数据交易的公平性和透明性；加强数据保护，制定严格的数据保护法规和政策，确保数据在交易和使用过程中的安全性、隐私性和完整性。同时，建立数据泄露应急处理机制，降低数据泄露风险。

2. 培育数据要素市场的参与主体。支持鼓励企业参与数据要素市场的建设和发展，鼓励企业加强数据资源的投入和开发利用，提高数据要素市场的活跃度；加强产学研合作，推动高校、科研机构等创新主体与企业之间的合作，共同开展数据技术研发和应用，推动数据要素市场的技术创新和产业升级。

3. 优化数据要素市场环境。加强政策支持，制定和实施一系列支持数据要素市场发展的政策措施，包括税收优惠、财政补贴、融资支持等，降低市场参与者的成本和风险；加大市场监管和执法力度，建立健全数据要素市场的监管体系，确保数据要素市场的公平竞争和良好秩序。

（五）培育数字产业创新生态

加快建设高速、稳定的通信网络，提高数据传输和处理能力，为数字产业发展提供基础支撑，推进云计算、大数据、物联网、人工智能等新一代信息技术的应用和普及，为数字产业创新生态培育打下坚实的基础。

1. 培育数字产业创新主体。鼓励企业加大研发投入力度，培育一批具有核心竞争力的数字产业领军企业；支持高校、科研机构等创新主体加强产学研合作，推动科技成果转化和产业化；培育一批数据商和第三方专业服务机构，提高数据要素应用支撑与服务能力。

2. 优化数字产业创新环境。加强数字产业的政策引导和支持，制定更加优惠的税收政策、资金扶持政策等，吸引更多企业和人才投身数字产业；建立健全数字产业创新服务体系，提供技术转移、知识产权保护、融资支持等全方位服务；营造良好的创新氛围和文化，加强创新创业教育和培训，提高全社会的创新意识和能力。

3. 推动数字产业与城镇发展深度融合。加快推动城镇建筑、道路桥梁、园林绿地、地下管廊等公共设施的数字化改造和智能化运营；推动综合能源服务与智慧社区、智慧园区、智慧楼宇等应用场景的深度耦合，提高能源利用效率和服务质量；鼓励新能源汽车融入新型电力系统，推进城镇智能基础设施与智能网联汽车协同发展。

六、城镇数字化全域转型的保障措施

（一）加强组织领导

成立城镇数字化全域转型领导小组或工作专班，统筹协调各方资源和力量，推动数字化转型工作的顺利开展。同时，加大政策支持力度，制定相关政策和措施，为数字化转型提供有力保障。

1. 成立领导小组。组建由政府部门、行业专家、企业代表等共同参与的数字化全域建设领导小组，明确各成员单位的职责和任务。领导小组负责统筹协调、决策指导，确保数字化全域建设工作的有序推进。

2. 明确责任分工。制定详细的工作分工方案，明确各成员单位在数字化全域建设中的具体职责和任务。建立责任追究机制，确保各项任务能够得到有效落实。

3. 加强跨部门协作。打破部门壁垒，加强政府部门之间的沟通与协作，形成工作合力。建立健全信息共享机制，实现数据资源的互联互通和共享利用。

（二）强化资金投入

城镇数字化全域转型是一项复杂的系统化工程，必须在资金上予以倾斜和保障，但不能仅靠政府单方面的投入，需要吸引社会资本参与，政府需要做好全过程的资金配置和监管。

1. 加大财政投入力度。政府应设立专项资金，用于支持数字化全域建设的基础设施建设、技术研发、人才培养等方面。根据数字化建设的实际需求，逐年加大财政投入力度。

2. 吸引社会资本。通过政策引导、税收优惠等方式，吸引社会资本参与数字化全域建设。鼓励企业、金融机构等社会主体参与数字化项目的投资和运营。

3. 优化资金配置。建立科学的资金配置机制，确保资金能够优先用于数字化建设的重点领域和关键环节。加强对资金使用情况的监管和评估，确保资金使用的合规性和有效性。

（三）加强宣传引导

营造数字化转型的良好氛围，提高企业、公众参与转型的积极性，对于加快转型具有重要促进作用。

1. 加强舆论宣传。利用媒体、网络等渠道，广泛宣传数字化全域建设的重要性和意义。举办数字化建设主题宣传活动，提高公众对数字化建设的认知度和参与度。

2. 开展培训活动。组织开展数字化建设相关培训活动，提高政府部门、企业和社会公众的数字化素养和技能水平。

3. 推广典型案例。总结和推广数字化建设的成功案例和先进经验，形成可复制、可推广的模式。鼓励各地结合自身实际，学习借鉴成功案例的做法和经验，推动数字化建设的深入发展。

（四）建立评估机制

定期对数字化转型进行评估和反馈。设立数字化转型评估指标体系，定期对转型工作进行评估和反馈；根据评估结果及时调整转型策略和方向，确保转型工作的顺利进行。

1. 建立评估体系。制定数字化全域建设的评估标准和指标体系，确保评估结果的科学性和客观性。评估体系应涵盖基础设施建设、技术应用、数据共享、安全保障等方面。

2. 开展定期评估。定期对数字化全域建设工作进行评估和检查，及时发现问题并采取相应措施加以解决。评估结果应作为政策调整、资金投入等决策的重要依据。

3. 强化结果应用。将评估结果作为数字化全域建设工作的改进方向和优化重点。鼓励各部门根据自身评估结果，制定具体的改进措施和实施方案。

（五）落实安全保障

加强网络安全和数据保护相关法律法规的制定和实施；建立健全网络安全和数据保护体系；提升网络安全事件应急处置能力；加强数字安全风险管理和评估工作。

1. 加强网络安全防护。建立健全网络安全防护体系，确保数字化全域建设过程中的网络安全和数据安全。采用先进的安全技术和设备，加强网络安全监测和预警能力。

2. 强化数据安全保护。制定严格的数据安全保护政策和措施，防止数据泄露、滥用等风险。加强数据备份和恢复能力，确保数据的完整性和可用性。

3. 建立应急响应机制。建立数字化全域建设应急响应机制，及时应对处置各种突发事件和安全事故。定期组织应急演练和培训活动，提高应急响应能力和水平。

七、城镇数字化全域转型的重要意义

（一）数字经济促进产业升级与就业转型

数字经济通过技术创新和模式创新，推动了传统产业的数字化改造和升级，催生了众多新兴产业和就业形态。在城镇化进程中，数字经济为城镇提供了更多的就业机会，吸引了大量农村人口向城镇转移，促进了人口集聚和经济发展，通过第一、第二、第三产业融合，推动了城乡融合发展和共同富裕。

（二）数字经济促进城镇的产业融合发展

数字经济对地方产业融合的影响是多方面的，它不仅促进了产业升级与转型、强化了产业间协同，比如产业链上下游协同、供应链金融等，创造了新的增长点，还优化了资源配置，提升了区域竞争力和可持续发展能力。这些影响有助于地方产业实现高质量发展，为地方经济注入新的活力。

（三）数字经济优化城镇空间布局

数字经济的发展对城镇的空间布局产生了深远影响。通过大数据分析、云计算、三维地理空间信息等技术手段，可以更加精准地把握城镇的发展需求，优化资源配置，推动城镇功能区的科学划分和合理布局。

（四）数字经济丰富普惠数字服务

推动数字技术和教育、医疗、住房、就业、养老等公共服务融合，促进优质公共资源跨时空共享，扩大服务资源覆盖面和均衡普惠度。推进适老助残无障碍设施与公共服务数字化改造，积极发挥社会和市场力量助力重点人群跨越数字鸿沟。推动打造低成本、高体验、交互式的社区、居家智慧养老服务场景。普及数字生活智能化，加快智慧餐饮、智能出行、数字家庭、上门经济、即时零售等新场景建设，打造城镇数字消费新地标。加强城镇历史文化遗产保护，传承数字化应用，以数字技术深入挖掘城镇特色文化资源，丰富数字文创、数字内容等服务供给，发展智慧旅游。

（五）数字经济提升城镇治理能力

数字经济为城镇治理提供了新的手段和工具。通过智慧交通、智慧安防等系统建设，可以提高城镇的运行效率和安全性，提升居民的生活品质。同时，数字经济也有助于推动政府数据资源的共享和开放，促进政府决策的科学化和民主化。

八、城镇数字化全域转型的发展趋势和前景

未来城镇数字化全域转型将呈现以下趋势：一是数字化技术将更加成熟和普及；二是数字经济将成为推动城镇发展的新引擎；三是数字治理将成为城镇治理体系的重要组成部分；四是数字社会将成为居民生活的新常态。

在城镇数字化全域转型过程中，将面临技术创新难度加大、数据安全风险增加、产业融合壁垒难以破解、数字化人才短缺、城乡数字鸿沟加大等诸多挑战。一是技术创新难度加大。随着数字化转型的深入，对技术创

新的需求日益迫切，但同时也意味着更高的研发投入和更长的研发周期。新技术如人工智能、区块链、边缘计算等，虽然潜力巨大，但其复杂性和不确定性也相应增加，技术成熟度和商业化应用难度较大，对城镇的科技创新能力和资源整合能力提出了更高要求。二是数据安全风险增加。数字化转型依赖于大量数据的采集、分析和应用，随之而来的是数据泄露、隐私侵犯、网络攻击等安全风险的显著上升。城镇需要建立健全数据保护机制，确保数据在采集、存储、传输、处理等各个环节的安全，同时平衡好数据利用与个人隐私保护的关系，这无疑是一项复杂而艰巨的任务。三是产业融合壁垒难以破解。传统产业与新兴产业的深度融合是数字化转型的关键，但往往面临行业规则不兼容、技术标准不统一、利益分配机制不明确等问题。如何打破行业壁垒，促进跨行业协作，形成协同创新的产业生态，是实现数字化转型深度和广度的关键挑战。四是数字化人才短缺。数字化转型对复合型人才的需求激增，既需要懂技术又懂业务的跨界人才，也需要大量数据分析师、网络安全专家、AI 工程师等专业人才。然而，目前多数城镇面临高端人才吸引难、现有人才技能升级缓慢的问题，人才供给与需求之间的结构性矛盾突出，限制了数字化转型的步伐。五是城乡数字鸿沟。城镇内部及城镇之间存在的数字鸿沟，可能导致资源分配不均、发展不平衡加剧。一些地区和群体可能因技术、经济或知识的限制，无法充分享受数字化带来的便利与机会，从而加剧社会分化。

面对这些挑战，需要制定全面的应对策略，包括加大新技术研发投入力度，促进技术创新；建立健全数据安全法规与技术防护体系；推动跨界合作，打破行业壁垒；加强人才培养与引进，构建多层次的人才梯队；采取有效措施缩小城乡数字鸿沟，确保城镇数字化转型的包容性和可持续性。

第十章
大力发展共享网购平台

一、数字网购平台对经济社会产生重要影响

（一）数字经济时代催生平台经济大发展

新一轮科技革命诞生的数字网络平台，也叫数字化网络信息平台，是利用互联网、云计算、大数据、物联网、工业互联网、区块链、人工智能、虚拟现实和增强现实等技术开发的公共服务平台，具有渗透力强、用户广泛、使用便捷等特点，是数字经济的重要实现形式，给国民经济和社会发展带来了颠覆性影响。以数字网络平台引领的新一轮产业革命大潮正在催生一批又一批新兴企业和行业，腾讯、华为、海尔等迅速成长为全球知名品牌企业，一些新兴行业如新媒体、电动汽车、机器人等在大潮中涌现并茁壮成长，成为新的经济增长点并带动社会就业，推动平台经济大发展，有力地促进了我国经济发展。

（二）我国数字网购平台大发展的机理

平台经济尤其是网购平台之所以能够迅速发展，对经济社会产生巨大影响，主要源于以下机制：

1. 网络效应。平台经济中最重要的机制之一是网络效应，也称为网络外部性。当平台上的用户数量增加时，平台对每个用户的价值也会增加。这种正反馈循环使得市场上的领先平台能够迅速扩大其用户基础，从而吸

引更多的用户和商家。例如，在网络电商平台上，更多的消费者会吸引更多的商家，而更多的商家则会提供更多的商品选择，进一步吸引更多的消费者。最终，领先的平台会变得越来越强大，而新进入市场的竞争者则难以突破这种网络效应的壁垒。

2. 规模经济效应。领先的平台企业通常能够通过规模经济降低单位成本。当平台的规模扩大时，其边际成本会显著下降，这使得它们能够以更低的价格提供服务，同时仍然保持盈利。大型平台通过大规模的物流和仓储网络，能够以较低的成本快速配送商品，而小型竞争者难以匹敌这种成本优势。

3. 平台进入壁垒机制。由于网络效应和规模经济的存在，领先的平台能够形成较高的进入壁垒。这些进入壁垒包括初始投资、品牌认知度、用户忠诚度和技术优势。开发一个与现有大平台竞争的高质量平台需要大量的资金和技术投入，而这对于新进入者来说是一个巨大的挑战。

4. 多归属效应。对于用户和商家来说，在多个平台上同时注册和使用（称为多归属）可能会产生高成本。这些成本包括时间、精力和资源的分散。因此，用户和商家倾向于选择一个主要的平台进行交易，从而强化了领先平台的市场地位。

5. 品牌忠诚度和信任机制。领先的平台通常通过提供优质的服务和建立强大的品牌忠诚度，进一步巩固其市场地位。消费者对平台的信任和依赖使得他们不愿轻易转向其他竞争平台。例如，平台上的评价和推荐系统可以帮助建立消费者对平台的信任，从而增强用户黏性和忠诚度。

（三）数字网购平台存在的问题

1. 平台治理体系有待优化。数字网络平台是创新性很强的新业态，民营企业创新能力强，对这类新业态新模式很敏感，会迅速开展对新业态和模式的投资创新。目前的平台尤其是网购平台以民营企业为主。由于平台开发资金筹措难度大，民营企业在发展过程中往往采取民间筹资方式，但大部分平台初期开发资金来自海外。这样的平台公司治理结构，导致平台发展主导权容易受资本控制，不利于我国数字经济时代的经济持续健康发展。

2. 平台收益过度向股东积聚。目前的网购平台实行双边市场定价策略，向消费者提供免费或低价的服务，而向商家收取较高的服务费。这种定价策略使得平台能够快速吸引大量消费者，从而增加对商家的吸引力，形成正反馈循环。平台可以向商家收取交易费，同时向消费者收取会员费，增加平台收入，这些平台收益主要由股东分享。

3. 平台数据资产被平台独享。网购平台通过平台记录的消费者浏览、点击、购买和评价等行为可以获取消费者数据；通过平台记录的商家销售、库存和营销数据获取商家和实体企业数据。利用这些数据，可以分析消费者的偏好和需求，为商家和平台优化运营策略，提高销售效率和市场响应速度。而这些数据在数字经济时代其价值是非常大的，但这些数据资产目前都由网购平台独享，消费者、商家和广大实体企业难以享受数据资产带来的红利。

4. 平台制约实体企业做优做强。由于平台能够提供更低的价格和更多的优惠，消费者更倾向于在平台上购物，这导致线下销售商品的实体企业失去了大量的客户，销售额和利润大幅下降，难以维持市场份额，甚至面临倒闭的风险。

二、共享网络平台代表数字网购平台的发展方向

共享网络平台即产销一体化数字网络平台，数智换商平台，是数字网购平台的升级版。共享网络平台借助互联网把实体企业、地面店商和广大消费者融为一体，通过定向销售优质产品，做大做强做优专精特新企业，以线上线下相结合的方式促进地面店商与网络平台和谐共生发展，以消费积分换商品的模式使消费者实现了消费变投资、让消费者敢消费愿消费能消费，是一肩担生产企业、一肩担消费者和服务商的数字网购平台。

（一）共享网络平台契合共享发展理念

共享网络平台颠覆了传统商贸平台分配机制。消费者在传统商贸平台只是花钱买东西，钱越花越少，平台赚的钱绝大部分由平台股东获得。而共享网络平台与传统商贸平台的不同之处，是商家让渡了产品销售中间环节利润、平台企业让渡平台利润，形成了共享资金池，由供货商、广大消费者和平台共享，平台只得到小比例的管理费。这一效益分配模式实际上就形成了让消费者共享发展效益的机制，这就是消费者买商品得积分，积分可换商品返现金的机制。这一消费变投资的机制，让广大消费者尤其是弱势群体消费者也能够享受数字经济带来的效益。因此，共享数字网络平台可以在促进共享发展中发挥关键作用。

（二）共享网络平台契合数字经济四个发展方向

1. 从产业数字化看，共享网络平台帮助实体企业尽快做大做强。共享网络平台在产品生产端遴选专精特新企业优质商品进入平台，按照优质优价进行销售，避免了传统网购平台商品“劣币淘汰良币”性质的恶性竞争，确保了企业有合理回报，达到尽快做大做优做强品牌企业的目的。

2. 从数字产业化看，共享网络平台实现了商品从生产、销售到消费全过程的数字增值服务。共享网络平台发挥平台优势，为优质产品提供一个展示销售和服务平台，平台拥有的众多黏性消费者可以实现商品尽快销售、资金尽快回笼，在帮助企业创造佳绩的同时，平台自身也得到同步发展。通过区块链和大数据等技术，共享网络平台可以帮助生产企业开发适销产品、淘汰滞销产品、优化产品结构，帮助消费者实现定制消费，满足差异化消费需求，同时通过产品溯源避免劣质产品销售，满足消费者对优质商品的消费需求。在这个过程中，共享网络平台利用数字技术对商品从生产、销售到终端消费实行全过程增值服务，提高了服务质量，产生了经济价值。

3. 从数据价值化看，共享网络平台实现了消费数据增值。共享网络平台的一个重要创新是积分消费制度。消费者购买商品获得奖励积分，奖励积分作为平台黏合剂将商家、生产厂家和终端消费者紧紧联结起来，积分可换商品，也可兑换现金，积分是共享网络平台实现各方互利共赢的重要媒介。积分体现了数字经济数据价值化这一核心内涵，换句话说也正是有了数据价值化才让共享网络平台的积分消费合法化。在共享网络平台，每个用户都有一个账号，通过 App 进行操作，流程公开、透明、简单、易学，可以满足不同消费群体的需求。

4. 从数字化治理看，共享网络平台严格遵循数字经济管理规则。“十四五”规划中对数字经济发展特别强调要先立规则、依规发展，改变了过去让新模式新业态先试行后规范的政策思路，这样可以避免新经济发展走弯路，为共享网络平台的平稳健康运行创造了条件。

（三）共享网购平台克服了传统网购平台存在的不足

1. 积分消费制度打通了将数据价值让渡给消费者的重要通道。积分制度能提高消费者的参与度和黏性，鼓励更多的消费行为，提升平台的活跃度。消费者在平台上的消费行为不仅能够带来直接收益，还能获得额外的积分奖励，使消费者的消费行为同时具备投资属性，激励更多的消费参与。共享网络平台通过将消费者和商家的行为数据进行分析和利用，产生了巨大的数据价值。共享网络平台通过积分制度和数据价值化，将数据的价值有效地让渡给消费者，实现了各方的互利共赢。

2. 平台让渡利益机制解决了平台业主独享平台利润的问题。平台企业只收取微薄的管理费，将传统网购平台的巨额利润让渡给消费者和实体企业，解决了传统网购平台股东独享平台利润的问题。

3. 数字化治理是确保积分制度和数据价值化有效运行的重要保障。通过数字化治理，平台能够实现数据的透明管理、合规运营和安全保障，通过数字化手段与监管机构保持良好配合，确保所有操作合规合法，降低法律风险。数字化治理为这一过程提供了坚实的保障，确保积分制度的顺利实施和持续优化。

三、高度重视共享网络平台发展中面临的障碍

共享网络平台作为一种创新发展平台模式在发展过程中出现了大起大落的情况，许多平台往往都是昙花一现，给供货企业和消费者带来了损失、造成了伤害，制约了这类平台持续健康发展。究其原因主要有以下几点。

（一）平台治理结构不合理

共享网络平台从本质上来说具有公益性特征。我国目前这类网络平台业主主要是民营企业，不少平台往往存在短期行为现象，加之标准规范缺失、行业自律不足和管理不规范，导致这类平台抗风险能力较弱，易发生资金链断裂、业主带资出走等情况。这些因素导致共享网络平台在发展中大起大落，给广大企业和消费者带来了损失。

（二）政策法规有待完善

对共享网络这类公益性平台，目前国家没有出台相关政策，对消费积分的金融属性并没有明确的规定，平台遇到风险时很难得到政府的支持和帮助，制约了共享网络平台持续健康发展。

四、采取有效措施促进共享网络平台持续健康发展

（一）加强统筹领导

建议相关部门重视共享网络平台的开发和推广应用，加强统筹领导，建立协调机制，明确工作思路，制定战略规划、实施计划和政策措施，切实加大推广应用力度。

（二）制定法规政策

加快研究制定数字网络平台的法律法规和政策体系。尽快形成鼓励数字网络平台推广应用的法律法规体系和政策体系，鼓励数字网络平台尽快迭代创新，促进数字经济平稳健康发展。

（三）促进自律管理

建议研究制定共享网络平台国家标准，促进共享网络平台合规合法运营和良性有序发展。

第十一章 数字城镇发展的市场新主体

数字城镇是城镇数字化发展的新趋势、是城镇高质量发展的新生态，是以共生为理念、以满足人民美好生活需要为目标、以数据为驱动的城镇发展新模式。数字城镇发展的核心动力、持续动力来自于有效的、高质量的运营。数字城镇发展和运营的核心主体是谁？这个问题，是关系到数字城镇发展的核心问题。笔者认为，推动数字城镇发展和运营的核心主体，是以共生为理念、以人民美好生活为目标、以数据为驱动、以幸福产业为内容、以 IP 运营为模式的幸福产业运营商——从城镇空间和资产的维度看，就是城镇资产运营商。

幸福产业运营商，是数字时代的新市场主体，是承载和推动数字城镇发展的核心平台。未来，城市的各类平台公司、开发企业，从事幸福产业的中小型创新型民营企业等将转型或升级成为幸福产业运营商——城镇资产运营商，以更高的维度、更大的系统、更强的能量，为人民的美好生活、为城市更新和乡村振兴、为城乡融合、为城市治理持续创造价值，推动数字城镇的发展。

在这个部分，将重点阐述四大问题：第一，什么是幸福产业？幸福产业与数字城镇的关系是什么？第二，什么是幸福产业运营商？幸福产业运营商作为新的市场主体，与传统的市场主体（投资商、开发商、制造商、服务商）有什么不同？为什么幸福产业运营商是数字城镇的发展和运营主体，它又是如何来推动数字城镇发展的？第三，如何培育幸福产业运营商？第四，如何加快培育幸福产业运营商？

一、幸福产业与数字城镇

工业化带来城市化，城镇是产业发展的产物。今天，人类正在从工业时代迈进数字时代。数字技术的发展，已经深刻地改变了人类的生活方式和工作方式，也正在深刻改变经济社会和城镇发展的模式，其中最大的变化，就是数字时代，以数据为驱动，改变了工业时代需求端和供给端割裂的局面，推动了以需求端为导向的与供给端的深度融合。

如果说工业时代经济发展模式是资源配置决定价值创造，那么，可以说，数字时代的经济发展模式就是价值创造决定资源配置，或者换句话说，就是需求端决定或者重构供给端。在这样的时代背景下，从需求端、价值端重新定义和重构产业生态，推动产业的融合发展，成为时代的必然。

幸福产业是数字时代对产业的新定义，是从需求端、价值端关于产业的新定义，是满足人民美好生活需要的、融合共生的产业生态。

在工业时代，产业是由生产资料、生产工具和生产方式来定义的，是从供给端、生产端来定义的，从而形成了第一、第二、第三产业的产业结构：农业是第一产业、加工业是第二产业、服务业是第三产业。但是，这样的划分重心放在了供给端、资源端，更多地关注资源配置方式，缺乏对需求端、价值端的关注，这在一定程度上影响产业和城镇的高质量发展。

从纵向维度看，如果按照第一、第二、第三产业划分，农业就是第一产业、食品加工是第二产业、康养服务是第三产业。但是我们看到，农业、食品加工、康养服务都在为人的健康创造价值，从需求端、价值端看，都应该属于一个产业，而按照传统的产业划分，相互之间却是割裂的、有强边界的，它们分别归属于不同的行业，各有标准、各有规划、各有边界，必然“隔行如隔山”，难以协同、融合与共生；既无法有效满足人的需要，也制约了各自的发展。

从横向维度看，如果按照过去的定义，住宅、文化、旅游、养老、体育等产业就是不同的产业，归属不同部门管理，同样各有规范、各有标准，各有权力和利益诉求，虽然这些产业的本质都是相同的——都是为人民创造幸福价值，却长期处于分割的、“隔行如隔山”的单打独斗状态，本来是协同融合的共生关系，却成为不同资源和利益的竞争关系，从而产生难以调和的结构性、持续性的矛盾。

因此，以工业经济的思维、从供给端定义产业，会导致产业之间的结构性矛盾，降低资源配置的效率和价值创造的效能，降低产业发展的效能和效率，从而导致产业和城镇的低质量发展。

产业，从供给端看，就是博弈竞争；然而从需求端看，却是融合共生。无论从纵向划分的第一、第二、第三产业，还是横向划分的住宅、文旅、养老、体育等产业，从人的需求端、价值端看，其核心逻辑都是为人民创造幸福价值，都在满足人的深层次、多维度、全周期的需要，本质都是同一个产业、同一个系统，完全可以相互加持、共生发展。

随着数字时代的到来，数字技术的发展，数据的无界与渗透，正在使得需求端、价值端与供给端、资源端深度融合，消费互联网的上半场正在迈向产业互联网的下半场，这使得从需求端、价值端出发，对产业重新定义成为可能。幸福产业，迎来了大发展的时刻。

幸福产业是数字时代对产业的全新定义，是从需求端、价值端定义的产业生态，是为人创造快乐、温暖、健康、智慧、舒适等幸福价值的产业生态，是满足人民对美好生活需要的产业生态，是以人的需求为出发点、归宿点，以为人创造幸福价值为归宿点的产业生态。

幸福产业具有如下特点：第一，是从需求端、价值端定义的；第二，是将为人创造幸福价值（快乐、温暖、健康、智慧、舒适等价值）的产业（农文旅康教体商等等）融合的；第三，既是城市产业也是乡村产业，将空间资产和产业融合发展；第四，是无界、共生的。

“幸福产业”的提出，对于经济社会和城镇化的高质量发展，具有重要的创新意义与实践价值：第一，有效满足人民对美好生活日益增长的需要；第二，落实新发展理念，实现产业协同融合，推动产业的高质量发展，激发和培育出新质生产力；第三，是实现城乡融合、产城融合、产乡融合，推动消费升级，有效实现内循环的抓手。

数字城镇是以共生为理念、以满足人民美好生活需要为目标、以数据为驱动的城镇发展新生态。因此，数字城镇发展的基础和前提，就需要产业融合、产城融合，需要数据融合。幸福产业，正是以共生为理念，以满足人民美好生活需要为目标，实现产业融合、产城融合和数据融合的产业新生态。

二、幸福产业运营商——城镇资产运营商是推动数字城镇发展的新主体

数字城镇发展需要幸福产业运营商——城镇资产运营商。幸福产业与城镇资产，是紧密的融合关系。幸福产业运营，是以空间资产为载体来实现幸福产业内容的整合与运营的；幸福产业丰富的内容和有效的运营，特别是C端（百姓）、B端（企业）、G端（城镇）三端的融合共生，既能形成持续、强劲的动能，又能够有效地推动产城融合、推动城镇资产的持续升值。幸福产业运营商，从城镇的、空间的、资产的角度看，也必然是城镇资产运营商。

幸福产业是一二三产业的融合共生，是各类产业的融合共生，是打破产业边界、实现融合发展的产业生态，其本身就是数字化的产业。它改变了从供给端的产业分类方式，从需求端、价值端重新定义了产业，从而将本是与人相互关联的产业和各类生产要素在同一个平台上整合起来，实现融合发展。因此而推动的产业融合、产城融合、产乡融合，并在此基础上形成的数据融合，正是数字城镇发展的必要条件。

（一）幸福产业运营商的特点

数字城镇的首要目标是有效满足人民日益增长的美好生活需要。数字

时代，人民对美好生活的需要持续升级，不再是过去单一产品功能的满足，而更多地呈现出个性化、社群化、精神化等新特点，呈现出系统化和全寿命周期的新特点。要有效满足人民对美好生活的需要，提供更有效、更充分的供给，需要把创造幸福价值的产业加以聚集、链接与融合，需要大力发展幸福产业。

幸福产业实现了第一、第二、第三产业融合，实现了所有与人关联产业的协同共生。农业、食品加工、服装、汽车、文旅、文创、教育、医疗、养老、体育、餐饮等诸多产业，从人的需求看，其产业的核心逻辑都是为人创造幸福价值，从不同的角度满足人深层次、多维度、全周期的需要，都可以相互融合、共生发展，都是同一目标创造价值的产业生态。正因为如此，幸福产业的内容通过有效的 IP 运营，可以实现相互链接、共生发展，有效满足人民对美好生活的需要。只有加速培育幸福产业运营商，才能实现“更充分、更平衡的供给”。

城镇的高质量发展需要幸福产业运营商。城镇的高质量发展，本质是融合发展：经济和社会、城市与乡村的融合发展，第一、第二、第三产业的融合发展，产业与城镇的融合发展，而融合发展的基础，就在于幸福产业运营。

幸福产业运营具有两大特点：第一，幸福产业是为人服务，为人创造幸福价值的产业生态；幸福产业运营把农文旅康教等与人相关的 IP 融合到同一个产业生态中，通过链接与共创，有机地实现了产业的融合发展，解放了产业的生产力；第二，幸福产业是城市产业、乡村产业；幸福产业运营，破解了空间发展和产业发展“两张皮”的矛盾，推动了城市更新和乡村振兴，推动了产城、产乡的融合发展。

城市更新和乡村振兴是实现推动城镇高质量发展的动力。无论是城市更新还是乡村振兴，都是以人为核心，都需要以幸福产业为内容、以运营为模式，需要幸福产业 IP 之间的链接与协同，需要 C 端、B 端、G 端的协同发力、融合共生。这样的使命和任务，绝不是传统的四大企业主体所能够承载和实现的，必须要培育新的企业市场主体——新的平台型、数据型和生态型的企业：幸福产业运营商。

城镇的高质量发展，是内容的高质量、模式的高质量。幸福产业，就是城镇高质量发展的内容；以数据为主要驱动的运营，就是城镇高质量发展的模式。幸福产业运营商，就是以共生为理念、以人民美好生活需要为目标、以数据为驱动、以幸福产业 IP 为核心、以生态运营为模式的新经济企业，是要素融合、结构有机、业务闭环、收益生态的生态型企业，是推动城镇数字化发展、实现高质量发展的新市场主体。

（二）幸福产业运营商的发展

幸福产业运营商即城镇资产运营商，是各类企业特别是地方平台公司、中小创新型企业，在数字时代迈向市场蓝海，赢得发展的战略需要。

工业时代，经济发展、城镇发展主要由资本、土地、技术、人力四大生产要素推动。工业时代的四类市场主体，分别是由以资本为主驱动的投资商、以土地为主驱动的开发商、以技术为主驱动的制造商、以人力为主驱动的服务商构成。而数字时代，将会产生一个全新的、以数据为驱动的市场主体。

数字时代，企业面临的最大问题，就是高度的变化性。工业时代的企业发展模式已很难适应急剧变化的市场需要，正面临着严峻的挑战。

从组织结构上看，在工业时代，企业的主要业务是线性的，是以销售为导向的；同时，很多业务彼此是割裂的、机会型的，相互之间不相关，难以形成业务闭环和相互加持的生态；从组织结构上看，企业是稳定—机械型的管理形态，难以适应外部环境急剧变化的挑战；多个业务对应不同的经营主体，彼此形成强边界，难以形成有机的整体，适应力、应变力和创新力下降，企业的组织模式亟待变革。

从产品和服务上看，工业时代，企业关注的是产品的生产和销售，并不关注运营。而在数字时代，得用户者得天下。用户日益增长的需求对产品和服务提出了更高、更深、更广的要求，企业必须更加关注运营。如果不能与用户、协同伙伴共生共创，产品就不能实现价值闭环，就势必被用户淘汰；如果不能把运营放在企业的首要位置，就难以实现要素融合、业务闭环和价值共生，企业就难以为用户创造更大、更长远的价值，也难以成为一个有应变力和创新力的有机生命体，难以抵御不确定性带来的高度风险。运营是系统工程、长期工程，是运营的基础和依据，必须依赖于数据驱动。

随着数字技术的发展、消费需求的变化，产品的数字化、IP 化，企业的智慧化趋势正在形成，销售和交付不再是产品的结束，而成为 IP 运营的“开始”；企业可以通过“数据穿透”“数据生产”和“数据链接”，实现需求端与供给端的深度融合，实现 IP 之间的相互链接与融合，特别是从事幸福产业的企业，更有可能通过这样的方式形成业务闭环和产业生态，以数据为驱动的幸福产业运营商作为新时代的市场新主体，也必然成为企业进化和发展的未来。

城镇的各类政府平台公司、房地产开发企业，本身就承担着政府资源和各类资产的整合、管理和运营的重要使命，是推动数字城镇发展的主力军。其定位，决定了他们是最需要、最迫切也最有可能发展成为幸福产业运营商，成为全新的平台型、数据型、生态型的企业，成为赋能 C 端、G 端、B 端的融合发展的新市场主体。

与此同时，很多做幸福产业相关产品和服务的中小型创新型企业也将在时代和市场的趋势中持续转型，成为幸福产业运营商，发挥 IP 运营的独特优势，与国有平台公司相互加持、密切协同，形成更为强劲的要素融合和业务生态系统，有力地推动城市更新和乡村振兴，盘活各类城市资产，促进数字城镇的发展。

综上所述，推动数字城镇的发展，需要培育大量的幸福产业运营商即城镇资产运营商。

（三）幸福产业运营商的核心特质

和工业时代的投资商、制造商和服务商不同，幸福产业运营商是以数据为核心驱动的要素融合、结构有机、业务闭环、收益生态的平台型、数据型、生态型企业。

1. 平台特质。幸福产业运营商是平台型、赋能型企业，其首要的功能是整合各类资源、赋能产业 IP 的成长，推动各生产要素和价值要素之间的融合与共生。因此，其企业结构具有更多的扁平化、平台化的特征，其业务包含很多平台型业务形态（如会议、论坛等）。

2. 数据特质。幸福产业运营商是数据驱动型的企业，数据驱动是幸福产业运营商生长的必要条件，数据融合、数据资产更是幸福产业运营商赋能产业与城镇发展的核心价值。幸福产业运营商的决策系统、组织架构、运营模式，都需要依靠、围绕数据来进行架构和运行。更进一步地分析，幸福产业运营商的根本逻辑，来源于数字时代导致的需求端与供给端的深度融合，来源于数据驱动的价值重构。在数据驱动下，传统的土地、资本、技术和人力四大供给端的四大生产要素，将在需求端的符号、信用、社群、内容、场景等价值要素牵引下实现融合共生，发挥更大的效力，培育业务生态、实现收益生态。

3. 生态特质。在平台特质和数据特质的推动下，幸福产业运营商各项业务之间将呈现出相互加持、相互赋能、共生发展的特征。更进一步地发展，业务模型将呈现出 C 端、B 端、G 端融合发展的生态特质。C 端业务是直接为百姓服务的、创造美好生活和幸福价值的业务；B 端业务，是与供应商及生态合作伙伴共创的新 IP 业务；G 端业务，是为城镇创造价值，特别是为城镇资产持续增值的业务。因为业务生态的特性，幸福产业运营商的收益也具有生态特质。既有传统的产品收益，又有丰富的生态收益：赋能收益、投资收益、内容收益、场景收益、数据收益等等。

（四）如何培育幸福产业运营商——全经联的创新实践

全经联是倡导与发展幸福产业、培育幸福产业运营商，赋能城镇、产业和企业创新发展的产业加速器。全经联认为，幸福产业运营商，是以共生为理念、数据为驱动、IP 为内容，以运营为模式的全新市场主体，是推动产业和城镇高质量发展的主力军，也是企业在数字时代的战略选择。

全经联从成立之始，就以“共生”为核心理念和文化，把孵化和加速幸福产业 IP 成长、培育幸福产业运营商作为自己的时代使命，聚集和团结了一大批具有共同价值观、从事幸福产业的创新企业家和创业者，持续进行幸福产业运营的创新实践。十五年来，全经联走过了从平台、智库、资本、产业 IP 和城镇 IP 的发展之路，逐步建立起“平台+智库+资本+产业 IP+城镇 IP”的生态和动能，提出了数字时代背景下，以幸福产业和 IP 运营为核心内容的新经济理论——共生的思想、理论、方法和案例，为推动城镇、产业和企业的创新发展进行了探索、积累了经验、取得了突破。经过十五年的持续发展，全经联逐步形成了以幸福产业 IP 为集群、幸福产业运营商为主力军、国内领先的幸福产业生态。

十五年来，全经联在培育幸福产业运营商的历程中，主要做了三方面的工作：

第一，建立了以幸福产业理论和 IP 运营理论为核心的全经联新经济理论。全经联新经济理论，是数字时代背景下关于共生的理论、方法和路径，主要内容就是幸福产业理论和 IP 运营理论。全经联新经济理论根据自身和创新企业家的实践，系统总结了数字时代的城镇、产业和企业发展的底层逻辑，提出了“全产业、新经济、联发展”的共生理念与路径，重新定义产业—幸福产业、产品—IP 和企业—幸福产业 IP 运营商，从思想、理论、方法和案例四个层面，系统地总结了幸福产业运营商的发展路径：即以用户为导向、数据为驱动；贯彻共生战略、重构企业价值；推动产品和服务的 IP 化、培育 IP 生态、持续优化运营；推动企业逐步发展成为要素融合、结构有机、业务闭环、收益生态的新经济企业。全经联新经济理论，为培育幸福产业运营商奠定了理论基础。

第二，研究和总结全经联优秀企业家的创新实践案例。十五年来，全经联生态中的创新企业家和创业者积极拥抱数字时代，在城市开发、城市更新、乡村振兴、城市资产盘活等领域持续进行创新实践，涌现出很多优秀的创新项目，如秦皇岛阿那亚、深圳奥雅大筒仓、宁波阿拉的海、大连熊洞街等等。这些项目，都是以共生为理念、用户为导向、数据为驱动、幸福产业为内容、IP 运营为模式的幸福产业运营创新项目。在项目创新和发展的过程中，企业家们也持续推动了自身企业战略转型和升级，成为幸福产业运营商，在新时代获得了全新的发展。全经联产业加速器通过持续追踪、研究和总结这些创新项目和创新企业，充实、丰富和优化了全经联新经济理论，为全经联新经济理论注入了源源不断的创新动力。

第三，孵化和加速幸福产业 IP，培育幸福产业运营商。十五年来，全经联以新经济理论为引领，以“平台+智库+资本+产业 IP+城镇 IP”为动能，持续孵化和加速培育全经联企业家的幸福产业 IP，并在这一过程中推动企业逐步成为幸福产业运营商。特别是从 2016 年开始，全经联开始举办企业家孵化营，更加系统地孵化和加速，培育幸福产业运营商。全经联企业家孵化营有近千名创新企业家入营学习，深度改变了企业家对时代、市场、产品和企业的战略认知；IP 孵化营——数字文旅 IP 孵化营，除强化认知外，更加强调企业家的行动和落地。在新经济理论的指导和全经联生态的赋能下，很多全经联企业家以共生的理念、能量和结构，重构产品和服务——从产品到 IP、从销售到运营、从单打独斗到链接共创，推动了自身事业的战略转型。全经联打造和运营 IP 广场，以 IP 广场为孵化和加速 IP、培育幸福产业运营商的主场景，以企业家孵化营、IP 孵化营、IP 直播等为赋能平台和内容，以全经联“平台+智库+资本+产业 IP+城镇 IP”为生态和动能，持续推进幸福产业 IP 的聚集、链接和共创，更加系统地、持续地培育幸福产业生态和幸福产业运营商。

三、加快培育幸福产业运营商的建议

（一）建立幸福产业运营商团体标准

幸福产业运营商是数字时代全新的市场主体。培育幸福产业运营商，对于满足人民美好生活需要，推动数字城镇发展，提升企业核心能力等具有重要的意义和价值。但是，无论是政府、还是产业界、企业界，当前对幸福产业运营商的概念、价值等还普遍缺乏认知，亟须推动社会各界加深对幸福产业运营商这一新市场主体的认知，推动政产学研各方形成对幸福产业运营商的共识，加快对幸福产业运营商的研究，推动幸福产业运营商团体标准的建立，为幸福产业运营商的发展奠定坚实的认知基础和政策基础。

（二）政产学研协同，共同推动幸福产业运营商的成长

培育幸福产业运营商，在取得认知与共识之后，更需要政产学研深度协同，发挥各自优势、共同发力，形成系统力量，才能有效推动幸福产业运营商的成长。从政府和行业协会层面，应着重研究、制定扶持幸福产业运营商的相关政策，行业协会应组织关于幸福产业运营商的研讨，推进幸福产业运营商团体标准的建设；产业界特别是产业联盟应该组织和团结更多的创新企业家，开办和组织系列的企业家孵化营和 IP 孵化营，分享新经济理论和幸福产业运营的创新案例，推动企业从认知到行动的转变；大学和研究机构应从培育新质生产力和高质量发展的认识高度出发，加强对幸福产业运营商课题的研究，探讨在管理和产业发展学科研究开设相关专业的可能性。只有政产学研协同发力，才能形成强大合力，有效推动幸福产业运营商的成长。

（三）培育幸福产业运营商

要建立“产业联盟—大学”产教融合的系统培训体系，把产业联盟的创新优势和大学系统培训的优势结合起来。首先，要从改变企业家的认知和行为入手，聘请一线的创新企业家担任创新讲师，搭建理论和实践相结合的培训内容和场景，结合幸福产业运营一线的创新实践，重点进行案例教学和场景教学，推动企业家认知时代趋势，主动进行战略重构和战略升级，持续推进认知与行动的同步改进；其次，要深入龙头企业，结合具体项目，对企业决策层和执行层进行团队培训，形成上下共识和一致行动，推动龙头企业实质性转型，并以龙头企业的转型带动更多企业的转

型。幸福产业运营商不仅是数字城镇的运营主体，也是代表新质生产力的市场新主体。需要认识到，培育幸福产业运营商是一项系统工程、长期工程，要从高质量发展的战略高度认识这一问题，需要集中各方力量，大力扶持、培育这一新市场主体，需要推动幸福产业运营商在经济和社会发展中发挥愈来愈核心的作用，释放出巨大的能量和价值，成为推动数字城镇发展、成为中国式现代化的积极力量。

第十二章

促进数字城镇创新发展的重大改革

数字城镇创新发展须通过深化改革，消除瓶颈制约，步入高质量发展轨道。

一、加快农村土地制度改革

党的十八届三中全会通过的《关于全面深化改革若干重大问题的决定》（以下简称《决定》）对农村土地制度改革做出了三大突破，包括赋予农户对土地的承包权、宅基地的使用权、集体经营性建设用地的所有权以商品属性，具有了交换价值。

1. 允许农户对土地的承包权抵押、担保、转让。对农村土地包括耕地、林地、草地等实行三权分离的改革，即所有权归村集体，承包权归农户，经营权放开。稳定所有权，落实承包权，搞活经营权。鼓励在不改变土地用途的前提下，推行土地经营权有偿转让，在条件成熟的地方推进土地承包权的转让。土地承包经营制度的改革将成为加快农业现代化的强大动力，并拉动农用工业发展。

2. 允许集体经营性建设用地与国有土地同权同价。建立城乡统一的建设用地市场，土地出让金应更多地让农民分享。允许农村集体组织依法并经过批准，利用集体经营性建设用地进行经营性项目建设。

3. 在农民自愿原则下允许通过多种方式集中农民土地。在完善土地所有权、承包权、经营权分置办法基础上，允许通过多种方式加快土地上市流转，允许农民依法享有土地用益物权即“财产权”的转让收益，也就是在试点先行基础上，允许农民土地承包权上市流转，让农民离土也离乡，加快农民市民化进程。土地流转要严格遵循农民自愿原则，尤其要鼓励国有平台企业并购农民土地，集中农民土地发展集约化、规模化现代农业。要建立健全土地流转交易市场，对土地流转价格实行最低保护价格机制，保护农民利益不受损害。严格规定土地用途，并实行严格的土地使用监管制度，严禁土地撂荒，对撂荒土地者实行高额罚款甚至收回土地承包权和使用权。要制定和完善相关金融配套政策，允许企业采取抵押贷款、上市融资、发行企业债券等方式筹措资金，用于现代农业开发和新农村建设。

二、加快农村住房制度改革

我国目前城乡建设共占地 22 万平方公里，其中城镇占 5 万平方公里，农村占 17 万平方公里，改革开放 40 多年来，我国农村人口减少 2 亿多人，宅基地资源庞大，但农村宅基地上自建的房屋不能上市流通，必须尽快改革。

1. 明确改革方向。允许农民住房与城市住房一样上市流通买卖，要按照农民自愿、系统推进、政策保障的原则循序渐进地实施，为增加农民财产性收入创造条件，解决好农民市民化过程的“人地钱”挂钩政策。

2. 完善宅基地流通政策。农村住房改革与农民在城市购房并全家迁移城镇挂钩，支持农业转移人口市民化，同时允许城市居民到农村购房定居，国家在政策上予以支持。

3. 完善配套政策。尽快完善统筹城乡的医疗、就业、低保等制度，让定居城镇的农民与城市居民享有同等的就业、住房、上学、就医、低保权利。同时，可以考虑从农民住房转让收益中扣除适当的费用，用于充实城市配套设施建设资金和社保资金。

三、加快农民市民化

推进农民市民化重要的环节在户籍制度，推进户籍制度改革就是全面放开建制镇和小城市落户限制，有序放开中等城市落户限制，合理确定大城市落户条件，适度控制特大城市人口规模。为此，要鼓励生产力布局向小城镇和中小城市扩散，以创造更多的就业机会。“十四五”时期要重点抓好“三个一亿人”：东部抓紧解决一亿农民工的市民化，中西部再吸纳一亿农民工进城，城市抓好一亿人棚户区、城中村改造。

四、积极推进科技体制改革

采取切实有效的改革措施，调动社会各方面积极性和创造性，大力推进技术创新，提升科技创新能力，适应国际竞争需要。

1. 推广深圳等地先进的科技创新经验。深圳改革开放 40 多年经济发展取得巨大成功，主要得益于科技创新。深圳每年申请的国际专利数量占全国申请数量的 46.9%，创新已经成为深圳经济增长的第一驱动力。深圳经过多年坚持不懈的努力，培养了崇尚创新的文化氛围、鼓励创新的市场机制、宽容失败的社会环境、不拘一格的人才战略、面向全球的开放意识、一视同仁的扶持政策。建议推广深圳的经验，抓紧建立鼓励企业加大研发投入力度的激励机制，提高广大科技人员创新的积极性，加快科技成果的工程化、产业化。

2. 发挥企业研发投入和创新的主体作用。目前，我国已有一批创新型企业，其每年的国际专利申请量跻身世界前列。但我国多数企业研发投入不到销售收入的 2%，不少企业尚没有研发活动和技术专利。国家对技术创新的鼓励政策，企业利用得还不够充分。建议广大企业学习借鉴科技创新的做法和经验，抓紧建立企业技术创新激励机制，充分发挥国有企业在自主创新中的骨干和带动作用。

3. 设立产业技术研究院。更多地发挥市场机制的作用，调动科技中介服务机构的积极性，建立符合市场经济规则的科技成果甄别筛选机制和优秀科技项目推广应用机制，加快建立颠覆式技术成熟项目推广应用的体制机制，为真正的好技术好模式推广应用营造良好的政策环境。在这方面，江苏省在全国先走了一步，设立省级产业研究院，取得了较好的效果。建议地方借鉴江苏省经验，设立产业技术研究院，整合科技资源，以体制机制创新引领经济创新发展。

4. 创新科创政策法规。建议国家尽快出台相关法规，如政府资助的科技成果，允许技术研发团队享受更多权益，鼓励全国科研院所的研发成果孵化和产业化。鼓励制定地方条例，先行一步推出鼓励科技成果转化的地方性法规，为国家制定相关法规摸索经验。

五、积极推进教育体制改革

党的十八届三中全会通过的《决定》提出要坚持教育优先发展，促进教育公平，大力实施科教兴国战略和人才强国战略，全面实施素质教育，建设现代国民教育体系和终身教育体系。

1. 强化各级政府提供教育公共服务的职责。保证教育经费增长幅度高于财政经常性收入增长幅度。坚持公共教育资源向农村、中西部地区、贫困地区倾斜，缩小城乡、区域教育发展差距。逐步免除义务教育学杂费，对家庭困难学生免费提供课本和补助寄宿生生活费，保障农民工子女平等接受义务教育。

2. 加大职业教育培训力度。技能型人才短缺，是当前人才结构中的突出矛盾，其根源在于职业教育还没有得到应有的重视，发展较为滞后。必须加快发展职业教育，努力使劳动者人人有知识、个个有技能。高等教育要注重提高学生的实践能力、创造能力和就业能力、创业能力。要鼓励社会捐资助学，引导民办教育健康发展。规范学校收费项目和标准，坚决制止教育乱收费现象。

3. 鼓励发展智慧教育。智慧教育是素质教育的重要内容，是教育发展的方向。智慧教育模式从多个维度进行探索，全方位启迪学生智慧、开发学生创新潜能、增强学生生活自信、促进学生全面发展。加快智慧教育模式推广应用，对于优化国家素质教育体系、完善社会和家庭教育、拓宽师范生就业渠道等均具有重要价值。必须加大政策力度，营造良好环境，鼓励推广应用智慧教育模式，使其在国家教育体制改革中尽快发挥作用。

4. 加大创新型人才培育。要把大学建设为创新型人才的摇篮，建设为科技创新的重要基地。为创办高水平、创新型大学，首先应建立大学之间和学校内部的竞争机制，建立大学办学质量的第三方评估制度和教师的聘任制，鼓励社会办学、中外合作办学。其次应以优厚待遇从全球选拔具有创新能力的师资，可先在少数学校试行，根据实际效果再逐步推广。再次，应建立大学与风险投资的对接机制。完善从天使投资到创业板市场的风险投资体系，实施创新全过程的跟踪服务。最后鼓励大学教师、大学生创造专利等科技成果，并以自己的成果创办高新技术公司。

六、加快金融体制改革释放资本潜力

发挥市场在资源配置中的基础性作用，关键在于优化资金配置。党的十八届三中全会通过的《决定》针对性地提出要加快金融体制改革。

1. 放宽金融准入，打破垄断经营。允许具备条件的民间资本依法发起设立中小型银行等金融机构，允许民间资本进入，增加竞争主体，降低企业融资成本，是改革金融体制的首要任务。

2. 改革金融监管体制。为了解决监管难度增加的问题，要建立地方性监管机构，完善监管协调机制，界定中央和地方金融监管职责和风险处置责任。在加快利率市场化改革、形成充分竞争格局的同时，为防范出现垄断利益、寻租行为等潜在市场风险，要制定金融体制改革的周密配套方案，为利率市场化创造条件。

3. 健全多层次资本市场体系。应积极发展企业债券市场，为企业提供方便多样的融资工具，提高直接融资比重。扩大直接融资规模，提高企业资本金在融资总额中的比重，既有利于降低企业的运营成本，又有利于增加居民的财产性收入。在现行资本市场结构中，债券市场与股票市场相比，显得更为滞后。为此，要强化对股市的监管，推行股票发行注册制，重振广大投资者对股市的信心，充分发挥股市在筹集资金、企业评价和财富分配方面的功能。同时鼓励企业面向居民和各类基金，发展私募股权融资，通过多种渠道扩大企业股权融资规模。

七、改革投融资体制释放民间投资潜力

解决当前需求不足的矛盾，从长远来看，靠的是消费的增长；从近期来看，主要是靠增加投资。为了避免重回高投资、高消耗支撑高增长的老路，必须精准选择投资方向，优化投资结构，特别是鼓励民间投资增长。通过深化投融资体制改革，以充分激发民间投资的巨大活力。

1. 在公共服务类项目建设中推广特许经营权制度。目前公共产品和公共服务供给不足，原因在于公共服务类项目建设主要依靠财政投资，由于财力不足，造成公共事业发展滞后。解决这一问题可通过实行特许经营权制度，给予企业一定的政策，吸引社会资金投入。公共服务类建设项目一般投资回收能力较差，可通过财政补贴等办法来解决。像城际高铁、城市轨道交通等资金需求量大的项目，为了提高投资回收能力，避免项目运营长期亏损，背上财政包袱，可允许建设企业在沿线站点周围进行商业开发，用商业收益弥补地铁运营亏损。其他如养老院、幼儿园、停车场等，只要给予一定政策，使投资得到合理回报，吸引大批社会资金进入，就可能改变供给不足的局面。

2. 加快发展供应链金融。供应链金融，是基于大数据、云计算、区块链等互联网技术，在企业供、产、销各个环节构造以产品为主体、信用为基础的融资模式，较好地解决了信用不对称等问题，金融机构可以与企业建立战略性合作，对企业放心贷款，企业也可以获得低成本资金，变过去

“锦上添花”的银企关系为“雪中送炭”，既保证了银行的利益，也解决了中小企业融资难融资贵的问题，从而打破了金融与实体经济的藩篱，创造金融与实体经济“双赢”的发展环境，同时也优化了信贷结构，提高银行信贷资金使用效率，在防范各项风险的同时，支持实体经济的发展，促进金融与实体经济融合共生发展。

3. 建立吸引社会资金投资环保产业的市场机制。我国水、空气、土地环境污染修复治理的难度很大，要想较短时间内在治理大气污染、水污染等方面取得明显成效，关键在于推行第三方治理制度。政府制定统一的排放标准和环境标准，并严格监督执行。污染排放企业按排放量缴费。政府或社会中介机构组织招标，选择有资质的企业进行治理。这样，投资环保产业的企业有了合理回报，污染治理就可取得事半功倍之效。

4. 用积极的财政政策和灵活的货币政策支持投资结构调整。我国政府负债率属于世界较低水平，发挥财政在扩大内需中的作用空间较大。应实行积极的财政政策和适度灵活的货币政策，通过减税、贴息、资本金补助等形式，引导银行贷款和社会资金投向鼓励类建设项目。通过有效引导投资，使资金投向更加符合转变发展方式的要求，提高投资的经济效益和社会效益。

八、深化社会管理体制改革

创新社会管理体制，健全党委领导、政府负责、社会协同、公众参与的社会管理格局。要把政府同社会组织结合起来，更多地发挥社会组织的作用，建立新型社会管理体制。

1. 强化政府社会管理职能。要按照建设服务型政府的要求，深化行政管理体制改革，优化机构设置，更加注重履行社会管理和公共服务职能。以发展社会事业和解决民生问题为重点，优化公共资源配置，注重向农村、基层、欠发达地区倾斜，逐步形成惠及全民的基本公共服务体系。要改进服务方式，简化办事程序，减少和规范行政审批事项。推行政务公开，加快电子政务建设，推进公共服务信息化。推进政事分开，支持社会组织参与社会管理和公共服务。

2. 强化社区社会管理。社区是城乡居民生活的基层单位，是政府社会管理与社区自治组织、民间组织自我管理的结合点，促进社会和谐的各项政策归根到底要落实到社区。只有全面开展城市社区建设，积极推进农村社区建设，实现社区的和谐，构建社会主义和谐社会才会有坚实的基础。要健全新型社区管理和服务体制，把社区建设成为管理有序、服务完善、文明祥和的社会生活共同体。要支持居（村）民委员会协助政府做好公共服务和社会管理工作，发挥驻区单位、社区民间组织、物业管理机构、专业合作组织在社区建设中的积极作用。要通过和谐社区建设，把构建社会主义和谐社会的重大任务真正落实到基层。

3. 充分发挥社会组织的作用。建立完善的社会管理体系，必须有发达的社会组织，这是现代社会管理的需要。因为随着生产社会化和市场经济的发展，人们的经济社会活动越来越多，社会交往的范围越来越广，这对社会服务提出了更高的要求，人们的社会行为和诉求也需要加以规范和表达。满足这些需求，仅靠政府是远远不够的，必须大力发展各类社会组织，包括律师、公正、会计、审计、资产评估等机构和行业协会、学会、商会、基金会等社会团体，并充分发挥其功能。对各类社会组织要坚持培育发展和管理监督并重，完善有关政策，引导他们加强自身建设，提高自律性和诚信度，使之在构建和谐社会中发挥重要作用。

4. 妥善处理社会矛盾。要形成科学有效的利益协调机制、诉求表达机制、矛盾调处机制、权益保障机制。正确把握最广大人民的根本利益、现阶段群众的共同利益和不同群体的特殊利益的关系，统筹兼顾各方面群众的利益。拓宽社情民意表达渠道，健全社会舆情汇集和分析机制，完善矛盾纠纷排查调处工作制度，把人民调解、行政调解和司法调解结合起来，更多地采用调解和教育、协商、疏导等办法，把矛盾化解在基层，化解在萌芽状态。

5. 充分发挥网络平台在改善社区治理中的重要作用。随着我国城镇化进程的快速推进，我国基层社区治理难度加大。尽快改变基层治理方式，提升治理能力，是一项十分紧迫的任务。需发挥网络平台在实现连接信息、连接情感、连接财富，提升农村基层治理能力、化解社会矛盾、激发乡村发展动力等方面的重要作用。

下篇：数字城镇创新发展场景及典型案例

场景及案例一：华高本地数字经济平台暨南阳试点建设与运营

一、建设背景

华高本地数字经济平台是“以人民为中心”的城市数字经济综合服务平台，在传统政务服务、公共服务的基础之上，以码卡融合、本地支付为依托，将场景应用延伸至民生、生活、商业与产业服务等领域，打造新的城乡居民一体的数字化生活的入口、本地化的数字经济平台，并以创新的建设与运营模式，构建由政府主导、安全可控、市场化运营，可持续发展的城乡居民数字化服务全面解决方案，实现消费、资金、数据的本地化留存。

（一）全要素数据中台

通过构建标准化、规范化数据体系，实现对电子政务、公共服务、民生生活、产业发展等场景下的主题数据资源的采集、整合、治理、管理和应用。一方面为本地数字经济平台的整体运转提供数据支撑，另一方面又能通过对平台数据的整合与治理，反向对外提供数据赋能，有序推动本地数字经济发展。

（二）本地支付平台

作为连接本地与支付相关场景的核心抓手，一方面支持公共服务、政务非税等场景的统一支付；另一方面又能通过打造本地化支付平台，为实现支付数据、消费、税收等资金和数据的本地化留存提供支撑。

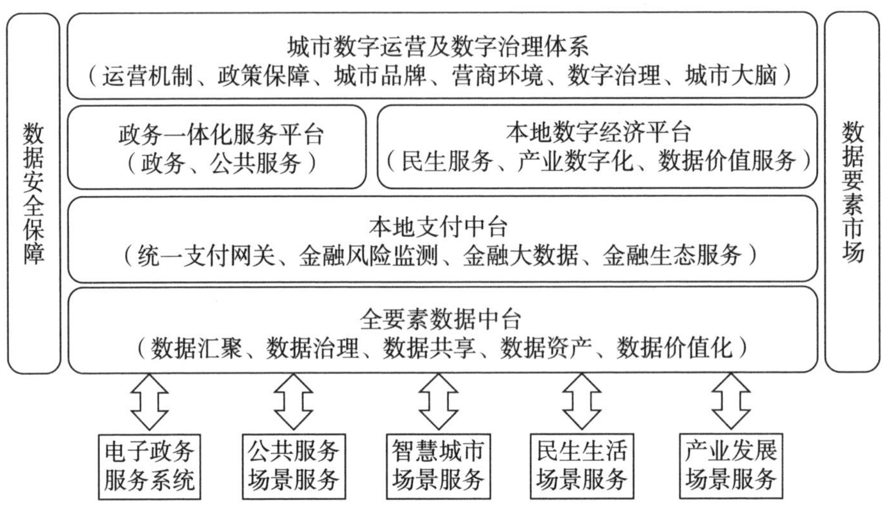

图 1.1　城市数字运营及数字治理体系

（三）本地数字经济平台

通过覆盖本地居民生活服务，聚合餐饮美食、文旅景区、交通出行、健康医疗、学习培训、商超购物等各类供应侧资源，一方面为本地居民提供更有性价比、更加安全的数字经济服务与体验；另一方面也为本地相关产业提供一个权威、统一、优惠的本地线上商城，快速连接本地需求，拓宽企业商家拓客渠道，降低拓客成本，引进本地银行，为企业商家提供普惠金融等金融支撑，促进其自身业务规模做大做强。

（四）政务一体化服务平台

以本地数字经济平台运营为指引，重新定义和改造传统的政务和公共服务模式。

（五）城市数字运营和治理体系

构建本地城市数字运营和治理体系，发挥数据价值，以数据指导和提升本地城市运营和管理的客观性、系统性和全面性。降低成本运营和治理成本，让数据推动治理和运营工作。

（六）专业运营团队

组建本地化、数字化的专业运营团队，结合本地平台公司在资源整合、政策协同等方面的优势，共同为本地数字经济发展保驾护航。

二、建设内容

依托华高本地数字经济平台成熟的技术与产品体系，结合南阳本地实际情况，围绕“门户+支付+数据”构建符合南阳需求的本地数字经济平台。首先是以南阳城市综合服务门户“爱南阳”App 为载体，实现对本地政务服务和公共服务能力的聚合与提升，作为全市政务服务、公共服务和生活服务的统一入口，初步打造平台的政府定位和用户基础；其次是通过在“爱南阳”上配套建设“诸葛码”统一支付体系，扩展居民数字生活及产业服务场景，带动本地实体经济发展，构建本地消费平台，实现对城市消费活力的激发；再次是依托现有政府数据中台能力，结合数字经济特性，构建城市数字经济数据管理体系，汇聚平台鲜活数据，通过规范化数据治理，以数据赋能本地数字经济平台运转；最后是组建本地化专业运营团队，基于互联网化、产业化思维推动本地数字经济平台有序运转，最终实现消费（资金）、税收和数据本地化留存，提升南阳城乡居民幸福感和获得感，助力南阳本地企业和产业发展，促进南阳本地数字经济高速发展。

截至 2024 年 6 月，已经初步完成“爱南阳”城市综合服务门户、“诸葛码”支付体系及平台大数据体系建设。

1. 初步完成南阳市城市综合服务门户“爱南阳”的整体架构搭建和关键功能建设。基于数字化运营新理念，一方面围绕医、学、住、行、生、老、病、养等民生领域，完成政务、便民、惠企、城市治理、政府评价、生活消费等相关服务功能建设，使之成为南阳城市政务和公共服务的移动端统一入口；另一方面统筹兼顾各类市场主体经营和城乡居民多元化消费需求，初步完成购物消费、点餐支付、公交出行、景区票务、医疗挂号、精准营销等产品功能开发，并丰富和完善了包括直播、短视频等后端运营产品功能建设。

2. 完成南阳“诸葛码”支付功能建设。在政府相关部门的指导下，与本地银行开展深入合作，积极引导本地商业银行发挥自身在资金、资质、风控、线下线上服务保障能力等方面的优势，迅速打通技术外的其他壁垒，保障交易合规和资金安全，初步实现了与本地部分知名景区、酒店、停车场、商家等的支付渠道打通。

3. 完成平台数据体系建设。依托现有数据中台能力，实现对政务服务、公共服务和生活服务三大数据体系的建设。实现对全市主要委办局政务服务相关数据及公共服务（水、电、通信、交通等）数据的对接，完成平台生活服务（用户、支付、交易、商家、商品等）数据体系的建设。

4. 完成平台年度运营规划编制。按照政务公共服务和民生服务两大领域，分别制定了政务公共服务和民生服务推广策略及计划。

5. 举办推广活动。针对政务公共服务推出包括新 App logo 设计大赛、新 App slogan 征集、“全新改版，等你来评”等系列造势活动，在线下各政务服务大厅布设宣传易拉宝等。

针对民生服务则推出了包括月季大观园门票免费送、万瓶赊店老酒免费送、月季花免费送等系列活动，后续还将继续推动一分钱乘坐公交等活动，持续为 App 拉新促活。

三、建设成效

通过与本地政府平台公司共同组建专业运营公司，依托“爱南阳”App 这一官方政务平台，成功将“诸葛码”支付体系融入南阳本地的景区、酒店、停车场、医院等关键民生场景，极大地提升了市民的日常生活体验。

1. 在交通出行方面，运营公司与市公交公司达成深度合作，推出个人乘车码功能，让市民在中心城区公交线路上轻松实现“一码通行”。同时，通过与南阳城投停车体系的对接，市民可以直接通过“爱南阳”App支付停车费用，省去了排队缴费的麻烦。

2. 在民生服务领域，运营公司积极与供水、供气、供热等相关企业对接，逐步实现市民通过“爱南阳”App一站式查询和缴纳用水、用气、用热费用。此外，运营公司还与中心城区部分医院建立合作关系，让市民能够轻松预约挂号，享受便捷的医疗服务。

3. 自上线以来，“爱南阳”App已累计完成数万笔交易，其中五一上线首日便达成了数千笔交易，平台至今已经稳定运行近两个月，不仅验证了本地数字经济平台的稳定性和可靠性，也得到了市民和商家对基于“诸葛码”的全市数字经济平台的广泛认可。

4. 展望未来，运营公司将继续加大“诸葛码”在公共生活消费等领域的推广力度，整合全市各级政务部门、企事业单位、商户的支付及收款渠道，实现区域内支付资金、数据的本地化留存。这一举措将促进金融机构更加精准、快速、安全地授信，降低企业经营成本和融资成本，为实体经济的健康发展注入新动力，最终让“爱南阳”App成为推动南阳智慧城市建设的强大引擎。

四、应用推广价值总结

1. 社会效益上，打造城市数字服务体系，通过跨区域跨行业资源整合，重构交易渠道。制定数据标准、汇聚数据资产，实现数据价值运营。掌控本地商业活动数据，提升本地市场监管部门的话语权，可帮助当地企业有效降低互联网渠道佣金，解决数据安全问题。助力提升政府数字化治理水平，引导市场主体诚信经营、保证消费者权益，推动数字经济产业进步与发展。通过本地银行让利、政企消费券带动等方式，有效地降低了商户经营成本、减少了群众生活消费开支；留存本地企业商户经营数据，提升政府行业监管能力；依托“诸葛码”监管平台，强化了政府对行业资金的有效监管，有助于防范化解重大风险，优化营商和消费环境；“诸葛码”叠加城市综合便民服务，逐步实现“一码通城”，提升企业和群众满意度、获得感。

2. 经济效益上，基于数字生态运营对本地企业、商家和产业的数字化改造赋能，可提升数字经济在本地 GDP 中的占比，带动本地财税增长；依托数据资产管理平台为行业提供专项大数据服务，如大数据精准营销、专项资金发放及贷款等，获取数据资产运营增值收益。通过充分发掘本地数据资产的价值，推动城市数据资产入表，实现南阳从“地租经济”向“数据经济”、从“人口红利”向“数字红利”的转型升级。

场景及案例二：青岛市高新区智慧安防社区

一、建设背景

青岛市高新区智慧安防社区结合 CIM+3DGIS 等其他物联网综合管控技术，立足“建”“联”“管”“用”四层维度，做到基础数据采集多维化、系统数据整合联动化、治安防控精准化、便民服务便捷化。通过物联感知系统，建立起“人防部署到位、物防设施完善、技术手段先进、应急处置高效”的集管理、防范、控制于一体的社区安防保障体系，对各类事件做到预知、预判、预防、预警和有效处置，能切实提升社区的安全保障能力和应急响应能力，实现更精细的社会治理。

青岛市高新区智能社区安防平台按照“统一规划、统一标准、统一平台、统一管理”的设计思路，通过将高新区辖区内社区的视频监控、微卡口、人脸门禁以及各类型感知设备，实现社区数据、事件的全面感知，并充分运用大数据、人工智能、物联网等新技术，建设以大数据智能应用为核心的“智能社区安防平台”，形成了公安、综治、街道、物业多方联合的立体化社区防控体系，有效提升了对特殊人群、重点关注、涉案等人员的管理能力，不断提高公安、综治等政府机关的预测预警和研判能力、精确打击能力和动态管理能力，提升社区防控智能化水平，提升居民居住幸福指数。

二、建设思路

（一）建设自主可控的 CIM 发布共享平台

采用自主研发的 CIM 数据集成与交换引擎，支持开放的 CIM 建模和模型共享。平台可导入 Revit、Bentley、Tekla、CATIA 等多种格式商业软件建立的 CIM 模型，也可以导入 Auto CAD、3DSMAX 等其他 CAD 或图形系统建立的 3D 模型。

（二）支持模型移交方便社区各个部件管理

保留原有建模软件所建模型数据，用户可通过点击模型特定部件，进行相应属性信息查询，平台可自动定位这一部件，以图形化显示，除了可以查看该部件基础参数信息（资产名称、规格型号、移交时间、保养周期等），还可查看部件维修保养信息。

（三）打造物联感知+CIM 模型的应用模式

打造数据与图形高度融合应用管理体系，把物联网平台的前端感知系统与模型定位相关联，将不同阶段的 CIM 模型在数据层面融合，实现数据搜索、数据挖掘、数据分析，通过 CIM 模型的应用有效赋能防管控警务实战，补齐治安防控短板。

三、建设内容

（一）基础数据采集多维化、圈层化

通过小区出入口、内部通道、单元门的圈层化防控部署人脸门禁、车辆门禁、Wi-Fi 热点等无感采集设备，实现小区人员、车辆信息全采集、

活动轨迹全掌控；通过部署高空抛物、消防占道等物联网监测设备，有效预防高空事故，消防事故。建设设备种类包括但不限于：人脸门禁一体机、访客登记一体机、车辆识别摄像机、人脸识别摄像机、AR 全景摄像机、高空抛物监测摄像机、消防占道监测摄像机、信息发布屏、井盖监测终端、Wi-Fi 探针设备、消防栓监测终端、水电表监测终端、智慧用电监测终端。

（二）系统数据整合全面化、联动化

在"全维度、全覆盖、无感知"设备基础上，完善社区全景监控和高低联动监控应用，强化大数据综合治理，实现对危险因素的预测预警预防和案（事）件的快速反应、高效打击，全面提升社区防范和抵御安全风险的能力和水平。全面接入小区多维感知设备数据，各系统之间进行规则联动。

（三）治安防控侦查高效化、精准化

依托全量感知数据，建立各类重点人员管控模型，实现对重点人员规律化深度挖掘和感知手段的全息布控，达到"行知去向、动知轨迹"的动态管控目标，切实为维护国家政治稳定和社会公共安全提供有力支撑。

1. 智能布控。系统支持人车黑名单库、白名单库以及自定义布控库设置，实现对重点人员、重点车辆的实时布控预警，为指挥调度、案件侦破提供数据支撑。

2. 全息档案。针对小区、人员、房屋、车辆等多重信息维度，通过一小区一档、一人一档、一房一档、一车一档等方式，构建全息可视化档案。

（四）业务实战应用便捷化、前瞻化

通过信息化、智能化手段，进一步增强社区警务与市域化、网格化社区治理的高度融合，打造措施有力、运转高效的共建共治共享社区治理新

机制。

1. 中控台。通过三维实景建模结合视频融合技术，对智慧安防社区进行宏观情况分析展现，包括“人、车、房、事、物”。直观展示辖区内门禁刷卡、车辆通行、人脸抓拍、实时报警事件数量，满足社/小区精准化管控需求，构建高新区智慧安防社区的指挥控制中枢。

2. 云搜索。支持将人员档案、房屋档案、人脸抓拍、门禁记录、车辆通行的过人数据、过车数据及关联照片进行自动记录、计算关联，并通过设定的提炼和提取算法，将关键性的数据进行存储。支持精确检索、模糊检索、组合检索、二次检索、以图搜图，实现快速、准确定位目标。

3. 智能预警。系统支持将各种设备预警及布控预警通过三维实景地图实时展示，支持查询历史预警信息。系统将部署的智能设备（人脸抓拍设备、车辆抓拍设备、门禁设备及后期可能再建设的物联网设备）进行数据统计分析，包括报警类别占比、处理状态和报警登记。系统支持在主要场景设置阈值，当设备采集数据超出阈值范围时，自动预警。

4. 智能研判。针对公安部门重点关注的人员或涉案、涉恐人员，利用已有的人脸图片或者系统检索出的人脸图片，搜索出一定时间段及监控范围内的相似人脸图片，选择目标人员人脸图片，结合电子地图刻画出人员时空轨迹，分析目标人员“从哪里来、到哪里去、沿途经过哪里”。

四、建设特色亮点

（一）AR 全景融合，重塑智慧安防场景

系统融合地图、视频、数据等场景，共创社区“全息刻画、智慧赋能”，实现更立体，更全面，更精准的场景应用。

（二）基础信息采集迭代，被动采集升级核查采集

社区居民将人脸照片、身份证照片、详细住址、联系方式等信息通过

App 上传提交。对于长期出现在小区未登记的人员，标记为疑似居住未登记，由物业引导进行登记。并可将相关信息推送至社区民警处，方便民警开展核查工作。

（三）重点人员精准管控，维护社区治理安全

敏感节点期间，对于关注的重点人员进行标签，该人员及车辆离开小区即产生预警信息，超时未归平台报警同时推送至社区民警警务通，方便民警及时开展工作。

（四）重点事务提前预测预警，助力社区管理升级

除重点人员外，对于社区出现的人员车辆昼伏夜出、频繁出入、房屋水电异常等行为进行预警。

场景及案例三：青岛市李沧区智慧城市建设

一、建设背景

基于我国“十四五”规划对智慧城市的发展诉求，以及山东省青岛市对发展智慧城市的新标准、新要求，青岛市李沧区根据《青岛市人民政府关于进一步加快新型智慧城市建设的意见》《青岛市城市云脑建设指引》的相关文件要求，按照分步建设、逐步完善、长效运营的原则，结合《数字青岛2022年行动方案》，从需求出发，以数据资产要素应用服务为主线，推动数字李沧项目建设。

按照“统一标准、分步实施”的原则，制定统一、开放、可操作的五星级智慧城市建设标准和规范体系，集约化建设李沧区智慧城市。充分遵循利旧复用原则，以基础层、网络层、数据层、基础支撑层、应用层、渠道层6个主要模块搭建总体架构。利用人工智能、大数据和云计算等先进技术，以及对数据资产要素运营的规划理念，基于先进科学的顶层设计和建设规划，打造数字李沧区运行和指挥中枢，构建完善的技术应用体系。将李沧区各个业务的各类数据进行统一的汇集应用，提升各个委办局在城市管理中实时数据分析和智能决策支持能力，有效赋能李沧区的经济社会发展，提升城市精细化治理能力，提高城市综合承载力、竞争力，让市民、企业的获得感、幸福感、安全感显著提升。

智慧城市治理应当站在智慧城市的高度进行统筹规划，目前存在的问题：一是在管理方式上，基本停留在“人看”“人管”的阶段，管理粗放、集约较低、工作被动，管理效能不高。二是在治理手段上，管理理念、方法创新不够，现代化、信息化、智慧化管理手段缺乏，落后于时代潮流。三是在管理机制上，各部门单打独斗的情况比较突出，部门之间、条块之间、区域之间协作不够，信息交互共享不足，没有形成整体合力。四是在管理力量上，与发展需求相比，受机构编制制约，城市管理力量不足的矛盾越来越凸显，必须通过科技手段弥补人力不足。

从智慧城市治理的业务方面来考虑，需要在城市治理、队伍管理、态势预测、决策分析、指挥调度等方面利用信息化手段，实现城市精细化管理。政府信息资源的升级开发利用，可以极大地促进信息交互模式改善，打造共建共治共享的社会治理格局，从“找政府办事”转向“政府主动服务”，从城市被动管理转向城市主动治理。

二、解决方案与场景

李沧区智慧城市建设项目，辐射李沧区全域99.9平方公里，面向青岛市李沧区政府18个委办局，70万人口，以强化数字社会治理和民生服务能力为目标，构建全域数据协同、全域数据智能的应用体系。围绕区大数据局、文旅局、应急局、商务局等18个委办局的业务需求，在经济运行、社会治理、公共服务等领域形成一批典型示范应用，推动李沧区可持续发展，提升李沧区治理模式的现代化水平。

（一）智慧公安场景

搭建全息感知平台，构建视频图像智能化解析中心，依托大数据、人工智能、数字孪生、视频融合等先进技术，实现全区视频图像资源的有效打通整合、解析、处理，进而实现各对象深度关联，打造符合实战需求的视频图像应用，贯穿视频图像在事前预警、事中处置、事后研判的业务流程，有效支撑各项公安工作。

（二）数字政府场景

打通前端智能感知资源建设，以及城市云脑建设，帮助李沧区完善地区治理结构，提升城市精细化治理能力，有效提升城市综合承载力、竞争力，让市民、企业、政府获得感有明显提升。

（三）智慧社区场景

通过对已建的社区基层治理、服务平台升级扩容，建立智慧社区综合信息平台，建立覆盖区、街、居的多级社区治理和服务体系，实现政府、居民、物业、商户的互联互通，充分运用智能化、网络化、信息化手段，不断提高基层治理体系和治理能力现代化水平。

（四）数字商圈场景

打造一个“看得见、连得上、找得到、用得好、管得住”的李村商圈新业态，实现商圈的数字化转型和创新发展：打造智慧商圈驾驶舱，通过可视化方式呈现和展示数据；打造商圈门户网，通过各综合服务来提升商圈内用户的消费体验，并通过多种方式的信息展示来改善商圈的购物环境，辅助商圈的整体发展和运营，打造商圈门户系统使商圈立足、长久发展；打造面向消费者的智慧应用以及商圈运营机构和商户的智慧应用，同时配套各项基础设施建设。

（五）其他场景

李沧区各委办局的数字化提升，例如智慧政务服务、数字档案馆、数字图书馆、智慧文旅等等。

项目在建设过程中，充分释放企业数字生产力，提升数字技术应用水平，深度服务城市发展，带动城市数字化转型。通过城市数字底座与数字经济平台赋能，推进李沧区产业转型升级，不断优化产业结构，拉动生产模式的新变革。

三、成效及价值总结

（一）案例在实际应用中的效果、优势

项目依托李沧区现有硬件及网络基础资源提升改造，构建区域性、网络化、多元化、信息化的社会综合管理服务平台。建设 N 级架构、多级联动的社会治理工作体系，实现跨部门、跨层级、跨区域的工作流程打通。深化数据共享，紧抓数据治理，搭建专题数据库，汇聚民生服务和政务服务各类数据，规划实现全区各类数据资源目录上万项，共享目录数据挂接率达 100%。探索了我国数字城市建设的长效运营机制，打造了“政府主导、企业参与、市场运作”的运营模式，实现社会资源的统一运营管理，以数字经济带动李沧区生产、生活和治理方式的变革，实现李沧区数字城市建设的自我造血与长效运营。

（二）社会效益

李沧区智慧城市建设项目通过持续挖掘新内容、接入新系统、打造新场景、策划新应用，构建城市全要素图谱支撑智能化决策和统一应用，推进了城市建设合理化、城市管理精细化、政府服务便捷化、行业管理高效化，赋能智慧城市运营，让市民共享数字生活，共创智慧社会。

（三）推广价值

该项目具备复制推广价值，在复制拓展的同时，可根据不同城市地方特色，定制有针对性的建设内容。分析研判当地的数字化建设水平及发展现状，挖掘政府痛点及民生需求，并根据当地产业、地理区位等特点精细化城市治理内容。全面落实国家数字经济发展要求，致力提升政府工作效能，提升城市公共服务能力与信息化水平。

场景及案例四：蔚县城市大脑建设

一、建设背景

长期以来，蔚县智慧城市的发展亟待优化提升。围绕建设“阳光政府、服务型政府”，以提升政府执政能力建设为目标，实现蔚县电子政务又好又快发展，结合河北电子政务建设实际情况，“蔚县城市大脑建设”项目赋能该县经济社会发展。

二、建设内容

（一）总体架构

本项目建设内容可概括为“1 中心+1 平台+21 应用”体系架构以及 3 年的平台运行维护。综合运用物联网、云计算、大数据、移动互联网、标准码技术、数字孪生、视频融合、云网融合、信息集成等新一代信息技术，赋能蔚县城市规划、建设、管理和服务智慧化的新理念和新模式。

1. “1 中心”。“1”个蔚县城市大脑运营指挥中心，包括指挥调度大厅、LED 大屏、IT 基础设施。

2. “1 平台”。“1”个蔚县城市大脑项目城市管理平台，包括城市物联网平台、码服务平台、数据平台、治理协同平台、综合展示应用平台。

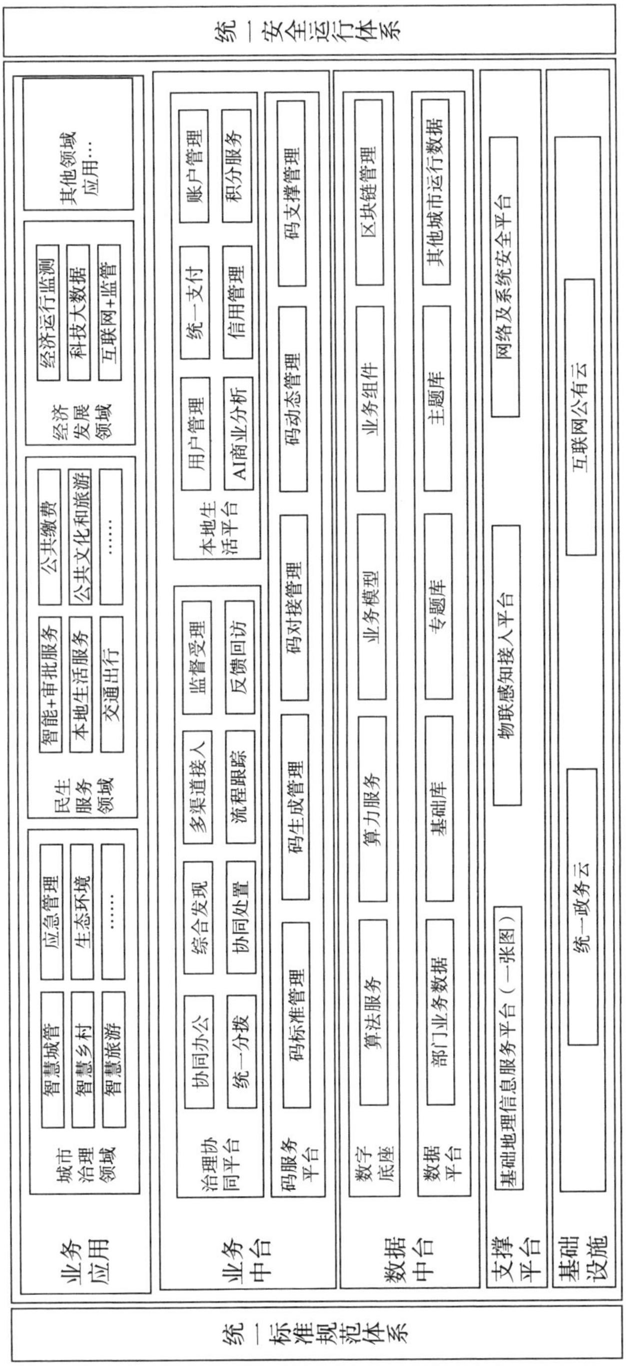

统一安全运行体系

业务应用
城市治理领域：智慧城管、应急管理、智慧乡村、生态环境、智慧旅游、……
民生服务领域：智能+审批服务、公共缴费、本地生活服务、公共文化和旅游、交通出行、……
经济发展领域：经济运行监测、科技大数据、互联网+监管
其他领域应用…

业务中台
治理协同平台：协同办公、综合发现、多渠道接入、监督受理、统一分拨、协同处置、流程跟踪、反馈回访
本地生活平台：用户管理、统一支付、账户管理、AI商业分析、信用管理、积分服务
码服务平台：码标准管理、码生成管理、码对接管理、码动态管理、码支撑管理

数据中台
数字底座：算法服务、算力服务、业务模型、业务组件、区块链管理
数据平台：部门业务数据、基础库、专题库、主题库、其他城市运行数据

支撑平台
基础地理信息服务平台（一张图）、物联感知接入平台、网络及系统安全平台

基础设施
统一政务云、互联网公有云

统一标准规范体系

图4.1 智慧蔚县总体架构图

3. “21 应用”。“21”项智慧应用，包括：智慧停车、智慧社区、蔚县智慧城市 App、便民服务 App、智慧环卫、智慧交通、智慧工地、智慧产业及招商服务、智慧执法、智慧发改、智慧政务、智慧应急、智慧党建、智慧水务、智慧消防、智慧环保、智慧城管、智慧医疗、智慧乡村、智慧旅游、智慧校园。

（二）系统平台

蔚县城市大脑管理运营智慧中心定位是蔚县数字政府、智慧城市建设整体成效的展示窗口，共规划不低于 120 平方米展厅面积，突出打造品质蔚县，建设幸福之城。通过方案演示，产品展示，参观机房、监控大厅等，充分展示出蔚县在大数据、“互联网+”的大形势下的领先科技及综合实力，重点突出善于创新的蔚县精神。

（三）城市大脑管理平台

蔚县城市大脑管理平台旨在将不同部门、不同专业系统整合起来，发挥城市综合管理效益，将割裂的业务连接起来，弥补整合管理方面的短板。通过对城市应急、交通、公安、水务、环保、卫健、安监、城管等委办局业务和信息进行整合，建立起城市统一的运行体征监控体系。城市管理平台由城市物联网平台、数据平台、治理协同平台、综合展示应用平台组成，充分考虑蔚县已建设项目，将存量设备（路灯控制设备、环卫车辆定位设备等）接入城市物联网平台，实现存量设备的统一管理，并通过数据平台实现数据的横向打通。

三、创新亮点

蔚县城市大脑的建设是新一代信息技术创新应用与城市治理和公共服务深度融合的产物。主要有以下几个亮点：

（一）以区块链技术打造高效政务

引入区块链技术实现政务数据的安全和透明管理。通过建立政务区块链平台，政府部门可以将数据存储在去中心化的区块链上，确保数据的完整性和不可篡改性，提高政务信息的透明度和安全性。这项创新将大大提升政务部门的效率和可信度，并为市民提供更加便捷、高效的行政服务。

（二）创新人居环境，促进民生幸福

打造智慧社区，实现人居环境的智能化管理和优化。利用物联网、人工智能和大数据技术，建立智慧社区管理系统，监测和控制社区内的环境指标，如空气质量、噪音水平等，及时反馈给居民，并采取相应的改善措施。同时，智慧社区还可以提供智能停车、智能安防、智能照明等便民服务，提升居民的生活品质和幸福感。

（三）优化产业发展，促进经济繁荣

构建智慧产业园区，促进经济创新和发展。在蔚县设立智慧产业园区，引进高科技企业和创新型企业入驻，打造集科研、孵化、生产、服务于一体的智能产业生态系统。通过提供优质的创业环境和支持政策，吸引人才和资本，推动数字经济和智能制造的发展，并大力发展“冬奥+”旅游经济，为蔚县经济的转型升级提供强有力的支撑。

四、建设成效

（一）经济效益

蔚县城市大脑的建设能够助力蔚县城市服务实现由“普通服务”到“智慧服务”的产业升级转型，对实现经济增长方式转变，形成优质、高效、协调、可持续的经济增长方式有着重要的促进作用。通过“1 中心+

1 平台+21 应用”智慧城市体系架构建设，可以进一步促进信息技术等相关技术产业的发展，加速传统行业与战略性新兴行业的发展，促使工业、农业、服务业的组织形态与生产方式发生变革，盘活“冬奥+”旅游经济，不断创造新的经济增长点，蔚县智慧城市的建设预计带动当地 GDP 增长约 10%，税收增长约 5%，成为周边地区最具活力的快速发展区。

（二）社会效益

蔚县城市大脑的建设弘扬“以人为本”的现代生活方式，追求社会的全面进步，不断提高人民的生活质量，能够满足社会日益增长的物质需求与精神需求，通过对城市交通、消费、安全、环保、社区以及政务服务等的智慧化升级，提高蔚县的城市管理水平，提升城市的品质和形象，提高居民满意度指数约 5 个百分点，提高城市居民的幸福感指数约 10 个百分点，带动城乡区域发展一体化，让居民共享数字生活，共创智慧社会。

场景及案例五：数字蓝莓共富平台

一、建设背景

怀宁县地处北纬 30°附近，生态优越、气候湿润、土壤有机质含量高，是蓝莓种植的天然基地。目前已拥有 7 万亩种植面积，近 200 家参与企业与种植户，已组建蓝莓产业发展中心与行业协会，建成蓝莓产业园和蓝莓供应链公司，招商引入优质深加工企业，并完成技术工作站、冷链、仓储、数字信息、大数据中心等配套硬件设施建设，举办蓝莓节、实施蓝莓产业与旅游资源的融合发展，“怀宁蓝莓”初步成为怀宁县乡村振兴的支柱产业。

但怀宁县传统农业发展中，仍然存在较多不足：其一，数据获取困难。传统农业中，很多数据没有被记录或仍然以纸质形式存在，数据的获取和整理困难，导致数据无法及时准确地被利用。其二，数据具有孤立性。由于数据来源分散、信息系统不完善，农业数据往往处于孤立状态，限制了数据的综合分析和利用，无法发现潜在的关联和价值。其三，数据质量不高。由于传统农业生产的复杂性和人工操作的影响，数据质量往往不够高，存在着误差、遗漏和不一致等问题。其四，缺乏数据分析能力。农民和农业从业人员对数据分析的技术能力有限，缺乏对大数据处理和挖掘的专业知识。无法充分理解和利用数据中所蕴含的信息和价值，很多决策仍然基于经验和直觉，缺乏科学的数据支持。

“数字蓝莓共富平台”项目利用数字手段整合蓝莓产业资源，提升产业效率和竞争力，促进蓝莓种植、加工、销售等环节的协同发展，成为带动农民增收、农村发展的重要力量。

二、建设思路

（一）建立一套生产管理数字化体系

按照有机、生态、数字化的生产要求，引进先进、高效、安全的种植技术，对蓝莓产业生产模式进行数字化升级，并提高产品加工生产线的数字化水平；同时，对农产品品质管理进行显性化升级，实现生产全程管控、安全实时监管、产品标识可控、产品信息可追溯、责任可追究，由品控倒逼产品品质，助推产品口碑提升，从源头推动产业向高质高效发展。

（二）建立一套流通营销新模式

结合蓝莓产业的实际情况，探索云上认养、VR 游园等流通营销新模式，增强消费者黏性，提高产品知名度，以最有效、最省钱的方式谋求新市场的开拓和新消费者的挖掘，创新构建消费者感知原产地价值的通路。

（三）健全产业监管数字化体系

以蓝莓产品质量安全为前提，完善农产品质量安全监管体系，对农产品在生产、加工以及销售过程中相关数据及安全问题进行追溯和有效监管，对品牌进行管理，明确主体权责，提高管理效率，并以信息化手段使品牌授权更加规范，提升授权效率，使产品质量更加稳定。

（四）健全产业公共服务数字化体系

对产业服务进行信息化升级，用网络补齐产业公共服务的短板，充分发挥互联网优势，全面打通为农服务“最后一公里”，让农民享受公平、透明、均等、便捷的服务。

（五）搭建一套运营支撑系统体系

围绕蓝莓共富运营，为了更好地实现数字化运营，从资源盘点、内容运营、研学运营、绘本打造、电商运营和品牌运营等几个产业运营体系，搭建一套可运营的支撑系统，以保证共富运营的开展。根据共富运营的需要，策划一套完整可运营的运营策划方案，包括共富资源运营、内容运营、研学策划服务、农文旅产品、内容和活动策划、数字绘本策划以及区域公共品牌策划与打造，并根据产业运营经验，策划出适合蓝莓产业发展的共富运营落地执行方案。

（六）打造一个产业大数据中心

对蓝莓产业决策进行数字化升级，建成集采集、监测、共享、分析、预警、决策于一体的怀宁蓝莓产业大数据中心，用数据洞察产业发展、提升政府决策管理效能、促进产业决策、促进产业振兴。

三、建设内容

（一）总体框架

立足怀宁蓝莓产业资源优势和实际情况，打造“1+5+N”的数字蓝莓发展模式，即1中心、5大体系和N个场景应用，促进产业生产数字化、服务信息化、洞察精细化的健康发展。

（二）系统平台

为全面、精准掌握蓝莓产业发展情况，建立蓝莓大数据中心。将产业的资源、主体、生产、加工、品牌、销售等全产业链关键环节数据上图，通过数据智能分析全面掌握蓝莓产业发展情况，实现以图管农，以图管地、以图防灾的数字化创新管理模式，达到“一图全面感知”的目标，为政府决策、职能部门管理提供“一站式”支持，赋能指导和决策。

（三）数据资源目录

系统地梳理蓝莓产业的育种、种植、收购、加工、仓储、物流、交易等全产业链关键环节的数据资源，进一步完善产业数据资源目录，包括产业资源环境数据、技术装备数据、主体人才数据、产品生产数据、产品加工数据、产品仓储数据、市场数据、监管执法数据等，明确数据采集维度。

（四）数据采集体系

依据数据资源目录确定数据源，结合业务系统、文件导入、物联网数据接入等数据采集方式建立实时可持续的蓝莓产业数据资源采集体系，实现在线数据和离线数据的采集，以及采集要素（指标、范围、频次、周期等）的动态管理和配置，形成蓝莓产业数据长效的运营机制。

（五）数据管理系统

建立蓝莓产业数据管理系统，完善数据管理方式。对采集的数据进行存储管理，包括多类型的数据存储结构设计、数据整合、数据扩容等，并支持数据与业务系统间的实时数据、静态数据及特殊通信协议的数据交换。

（六）数据分析系统

建立数据分析系统，为产业数据的可用性、易用性、价值性提供各类分析。对采集到的数据进行归类和标注，将原始数据、异构数据进行转换和清洗形成统一的干净的数据内容，对经过清洗的数据进行按行业分类、部门分类、应用分类等多种形式，方便检索和实时查询。

（七）蓝莓数字驾驶舱

对蓝莓产业的资源、主体、生产、加工、品牌、销售等全产业链关键环节数据进行整理、挖掘、分析，再通过可视化技术，建立产业资源专题、生产加工专题、流通营销专题、蓝莓文旅专题、产业监管专题、产业服务专题等共六大专题图，为政府提供数字化决策依据，提高蓝莓产业管理服务的实时化、可视化、精细化、高效化。

（八）蓝莓指数驾驶舱

为深入了解蓝莓产业的品牌、品质、生产、流通、价格、发展情况，建立蓝莓指数驾驶舱。以产业发展的各类要素为基础，以动静态数据源为核心，通过对反映蓝莓产业发展态势的相关数据进行调查采集、建模分析等综合性科学计算，建立蓝莓品牌指数、蓝莓品质指数、产品生产指数、产品流通指数、产品价格指数、产业发展指数，更加准确地反映蓝莓产业发展态势，助力领导科学决策。

四、建设成效

（一）品牌化运营

积极创建“皖美品牌”，打造怀宁县蓝莓综合供应链服务体系，通过统一品牌、统一分选、统一包装、统一定价、统一销售的“五统一”模式，打造“怀宁蓝莓”区域公共品牌。2023 年怀宁蓝莓获评“点赞 2023 我喜爱的中国品牌”，并获得“品牌产业园示范基地”荣誉称号。

（二）社会效益

通过数据积累，实现蓝莓栽培管理技术规范，发布怀宁蓝莓 11 个团体标准，指导标准化种植、分拣、储藏、运输，创建 3.5 万亩全国绿色食品原料（蓝莓）标准化生产基地，打造十佳蓝莓示范基地和精品示范园 11 个，全县千亩以上种植企业 7 家、500 亩以上企业 15 家、100 亩以上企业 140 家，规模化种植占 93%。配合县蓝莓产业协会，组建蓝莓发展联合体，采取育苗一体化、肥料采购统一、技术指导统一的模式，与蓝莓种植大户及企业深层次对接，攻克蓝莓灰霉病、根腐病等30余项生产技术难题，培育科技示范户、致富带头人共209人。

（三）经济效益

精心选育品种，建立蓝莓种质资源苗圃和数据库，推广种植奥尼尔、绿宝石、珠宝等早熟优质鲜食品种，避开周边地区蓝莓集中上市期。深入开展“育繁推一体化”建设，精选种植“蓝美1号”加工果4万亩，亩均产量较普通蓝莓高2~3倍，其提取物花青素纯度和营养度达到世界领先水平。

场景及案例六：全经联 IP 广场

一、建设背景

工业时代，构成城镇的空间单元主要是满足功能需求的住房、厂房、写字楼、购物中心等。大规模、快节奏、高周转的开发方式，导致空间供给远超市场需求，大量空间资产闲置。伴随着数字时代的到来，个人、企业、政府大部分原来通过实体空间满足的需求，都被网络和数字空间替代，实物消费被数字消费、情绪价值、社交价值替代，进一步加剧了城镇资产和空间的空置，加速了城镇发展的底层逻辑、市场主体的变革。

与此同时，也成长出一批逆势增长的新城镇、新空间、新场景。比如，北京·全经联（东园）IP 广场、北京 The box 朝外、秦皇岛阿那亚、深圳奥雅元宇宙大筒仓、上海一尺花园、宁波阿拉的海等等。根据全经联、中国城镇化促进会数字经济专业委员会、北京工商大学数字经济研究院基于大量“逆势”发展案例的调研和总结，发现他们都有同样的特征：将城镇及空间生命化、IP 化——以共生为理念、用户为导向、数据为驱动、IP 为核心、运营为模式，打造 C 端、B 端、G 端共创的数字城镇新场景。同时，操盘的市场主体，不是以土地驱动的开发商、资本驱动的投资商、技术驱动的产品商、人力驱动的服务商，而是数据驱动的产业 IP 运营商。这为数字时代下，数字城镇高质量发展如何落地，如何破解大量资产闲置的刚性问题，提供了新理念、新方法、新路径、新案例，提供了已被市场验证过的解决方案。

但是，数字城镇创新仍有一系列问题待解。首先，产业 IP 运营商作为新的市场主体还处于萌芽期，数量远远无法满足城镇发展、资产盘活的海量需要；其次，将城镇和空间生命化、IP 化的数字城镇新场景需要全生命周期的培育和运营，对企业家的心力和企业的快速创新力要求非常高，极为需要彼此赋能、相互陪跑的共生团队作为加速器、作为共同体，相互加持、共生发展，相互链接、共创价值。但这样的加速器、共同体就更为稀缺；最后，新的市场主体的缺乏、培育产业 IP 运营商的加速器的稀缺，也直接导致了大量城镇和空间还在沿用老方法、旧模式，无法成长为数字城镇的新场景。

二、解决方案

针对上述问题，全经联 IP 广场应运而生。

（一）我是谁

全经联 IP 广场是以“平台+智库+资本+产业 IP+城镇 IP”为动能的 IP 加速器，是培育产业 IP 运营商的主阵地，是以共生为理念、用户为导向、数据为驱动、IP 为核心、运营为模式，C 端、B 端、G 端融合与共创的数字城镇新场景。

（二）为谁干

C 端：创新企业家（全经联社群三千多名创新企业家、创业者）。B 端：创新企业和创新项目（产业 IP 运营商数百家、产业 IP 近千个）。G 端：地方政府及国企（全经联合作城镇数十个）。

（三）干什么和怎样干

IP 广场“灵魂”—— 企业家和创业者共生的精神家园。IP 广场“心”—— 全经联产业加速器“平台+智库+资本+产业 IP+城镇 IP”的新动能。IP 广场“肺”—— IP 加速飞轮。

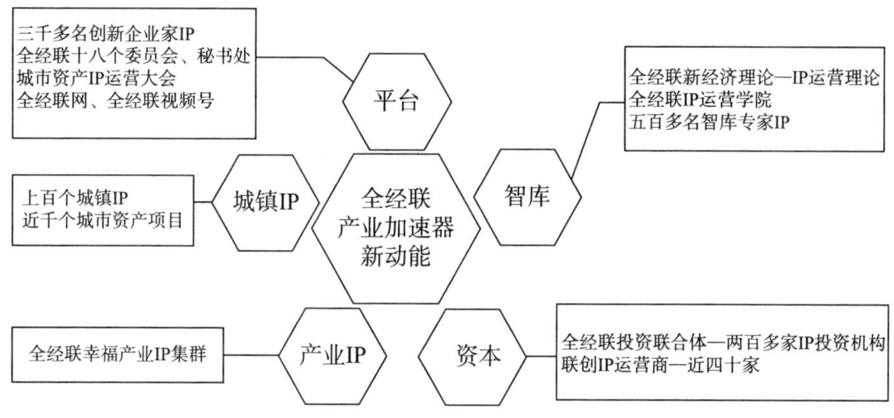

图 6.1　IP 广场示意图

以“人（企业家和创业者）”为主轴，聚人、黏人、合伙人，源源不断地培育新的市场主体——产业 IP 运营商，共创城镇资产 IP 运营解决方案并推动方案落地，共创数字城镇新场景，开拓新市场、新价值。

聚人：通过全经联直播、短视频（线上）和各类主题活动（线下）聚人，高频次与用户交互。

黏人、合伙人：其一，全经联企业家孵化营推动企业家思维升级、战略创新——向共生思维、IP 思维、运营思维升级，向产业 IP 运营商的战略创新与发展。企业家孵化营已举办十七期，八百多名企业家入营，培育出一尺之间、阿拉的海等近百家产业引擎 IP 运营商。其二，全经联 IP 孵化营赋能企业家和城镇，梳理自身的产业 IP、城镇 IP 的结构，票选引擎 IP，以引擎 IP 为牵头，研讨 IP 如何链接、价值共创。其三，通过 IP 孵化营的 IP 链接与共创，部分企业家成为全经联 IP 主理人、加入全经联幸福产业 IP 团队，全经联产业加速器将针对全经联幸福产业 IP 进行重点加速，全经联数字化赋能中心以 IP 结构化数据为驱动，持续地加速 IP 链接，共创《城镇资产 IP 运营系统解决方案》。其四，针对有潜质、高成长性的 IP 运营商，全经联产业加速器联合创始或引入战略投资，联合加速。

IP 广场运营主体——全经联产业加速器和 IP 主理人。全经联（北京）产业加速器有限公司（以下简称“加速器”）是IP广场的主运营商。全经联IP主理人是加速器的合伙人，共同加速自有IP的发展、共创新IP、共创城镇资产IP运营解决方案，在各产业领域、在全国各地共创数字城镇新场景——IP广场。目前，全经联IP主理人团队成员已有数十名，其中包括亲子文旅+IP、科幻动漫、数字康养、数字商业等各领域的创新企业家。

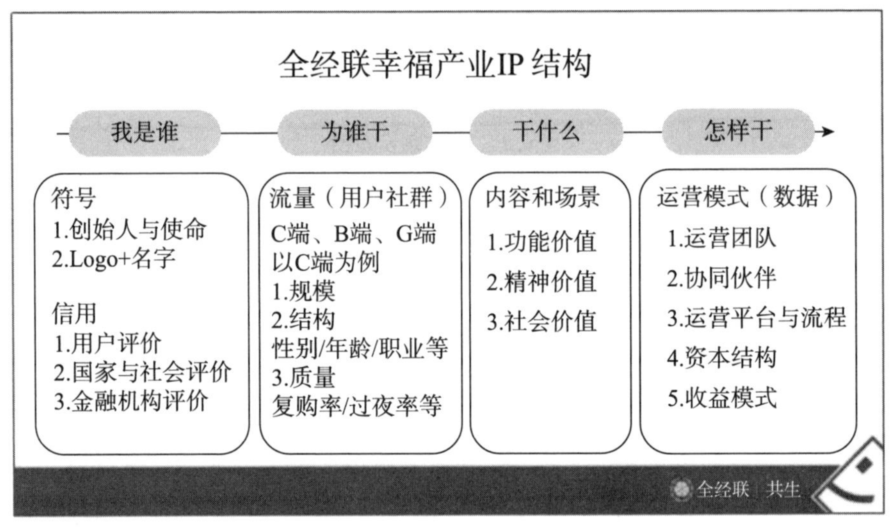

图6.2 全经联幸福产业IP结构

首个IP广场落地在北京朝阳区东园文化创意广场——全经联（东园）IP广场。此外，江苏常州、新疆乌鲁木齐、四川成都等地的IP广场正在筹备中，于2024年下半年落地运营。

全经联IP广场逐渐成长为产业IP运营商的超级加速器，成长为推动城镇空间生命化和IP化、聚合社群流量、共创新内容、营造新场景、打造数字城镇新场景的主力军；获得了中国城镇化促进会数字经济专业委员会、北京工商大学数字经济研究院、中国老龄产业协会等国家级平台和智库的认可与支持，获得了企业家、地方政府的信赖、参与和共创。

三、价值总结

全经联产业加速器通过打造和运营全经联 IP 广场，成为了以共生为理念、用户为导向、数据为驱动、IP 为核心、运营为模式的产业 IP 运营商。并且，通过赋能全经联 IP 主理人、与主理人 IP 共创、联合加速全经联幸福产业 IP，全经联产业加速器也成为了产业 IP 运营商的共同体、产业生态，从服务走向运营，从 IP 走向产业生态，从产品和服务收益走向全生命周期的运营收益、IP 共创收益、股权增值收益，推动 C 端、B 端、G 端共生发展。

当下，每一座城镇、每一个空间都需要一个“IP 广场”，需要 IP 广场培育与聚合的产业 IP 运营商共同体、产业生态，成为数字城镇的新场景。

场景及案例七：动漫自有 IP 与 AIGC 技术的创新实践

一、建设背景

得益于互联网、移动网络和云计算等技术的高速发展，借助庞大的用户基础和快速增长的经济等优势，数字经济已经成为促进中国经济增长的新引擎，为数字城镇的创新建设提供了有力保障。而动漫作为伴随互联网成长的重要文化和创意产业，在数字城镇的创新建设中也将发挥关键作用。

中国动漫产业的市场规模在进入 21 世纪第三个十年后持续扩大，2022 年已超过 2500 亿元，预计未来几年仍将保持较高的增长。如今，中国的动漫市场涵盖了动画电影、电视剧、漫画、衍生品、主题公园等多个领域，形成了一个完整的产业链。越来越多的高质量国产动画作品涌现，取得了票房和口碑的双丰收。动漫作品的题材日益丰富，涵盖了历史、科幻、奇幻、爱情、校园等多种题材，满足不同观众的需求。视频平台成为动漫作品的重要发布渠道，为观众提供了便捷的观看方式。社交媒体和自媒体平台成为动漫作品宣传和讨论的重要阵地，促进了作品的传播和口碑发酵。我国出台了一系列扶持政策和措施，如财政补贴、税收优惠、人才培养等，进一步促进了行业的繁荣。

二、建设意义

中国动漫产业的发展历程，与互联网时代的到来、数字经济的腾飞处于同一时间线，都是新时代的产物，因而也将为数字城镇的创新建设注入新鲜血液，拥有广阔的应用前景。这一作用主要表现在：

第一，文化与旅游是数字城镇建设的重要环节，而动漫则能将青少年群体喜爱的 IP 与文旅产业相结合，打造优质的数字内容。如结合知名动漫 IP 打造主题公园和景点，利用动漫人物和故事情节设计主题游乐设施、互动体验馆等，设置 VR 体验馆，通过 VR 设备让游客沉浸在虚拟世界中，如探索宇宙、古代文明等。在园区内布置 AR 互动点，游客通过手机或 AR 眼镜与虚拟角色互动，增强体验的趣味性和互动性。还可以利用数字城镇的线上推广便利，通过社交媒体平台推广乐园，发布精彩视频、照片和活动信息，吸引关注和游客；与知名品牌、旅游平台合作，推出联合营销活动，扩大乐园影响力。同时，线下还可以通过组织动漫 IP 展览、漫展、Cosplay 比赛等活动，结合网络推广营销，增强数字城镇的文化氛围，吸引更多的动漫爱好者和游客，推动文化旅游。

第二，动漫产业的进步，也在积极促进科技与文化融合，新技术的应用将反哺到数字城镇的建设中。如今，动漫制作过程中广泛应用了 CG、3D 动画、VR/AR 等先进技术，推动了科技与文化创意的融合，提升了内容创作的技术水平，逐渐打破传统制作方式和呈现形式的限制，为动漫体验和制作带来更多可能性。而实时渲染技术、人工智能辅助动画制作等，又进一步推动了数字技术的发展和应用。动画体验由单一的视觉享受朝着更多元、更立体的方向拓展，制作过程由人工重复朝着更高效的人机交互的方向发展。近年来，AIGC 技术实现了爆发性的增长发展，动漫产业实现了最早接入，将 AIGC 迅速地应用于制作中，优化了流程，提高了制作效率，降低了制作成本，实现了制作流程的智能化和自动化，为动漫产业的可持续发展提供有力支持，有效扩大变现方式，提升变现能力，使动漫产业能够快速地适应这个“短、平、快”的数字经济时代。

第三，动漫产业扎根于数字城镇建设中，可带来教育和培训的新机遇。如在数字城镇中设立专门的动漫教育和培训机构，提供从基础绘画、动画制作到高级特效等各类课程，培养动漫产业所需的人才；建立在线动漫教育平台，提供各种动画、漫画创作课程，方便不同年龄段和背景的学习者；同时积极开展与高校的合作，设立动漫相关的专业和研究中心，开展产学研结合的项目，推动动漫产业的发展；在数字城镇内建立动漫实习与实践基地，为学生提供实践机会，提升他们的实际操作能力。

第四，动漫可为数字城镇中的社区互动与娱乐注入新活力，打造各种更具时代特色、符合当下年轻人口味的数字文化设施，如建设数字图书馆，收藏大量的动漫书籍、漫画和电子书，供居民免费阅读。建设数字电影院，定期播放经典和新出的动漫电影，组织动漫电影节和观影活动等。搭建在线社区平台，居民可以在上面分享、讨论动漫作品，组织线上线下的交流和活动，增强社区的互动性。通过 VR 技术，举办虚拟的动漫活动和展览，让居民足不出户也能参与到丰富的文化活动中。通过动漫全方位、多层面的植入，将极大地丰富数字城镇中的娱乐内容。

第五，动漫能够深度参与到城镇形象与品牌的塑造当中，为数字城镇建设提供更多正面积极的意义。如利用动漫形象设计城镇吉祥物，应用在城镇宣传、公共设施和纪念品上，提升城镇的品牌形象。制作动漫风格的城镇宣传片和广告，通过独特的视觉效果吸引更多的关注和投资。打造与城镇的历史、文化紧密融合的动漫 IP，举办年度动漫节庆活动，吸引游客和企业，带动城镇的经济发展。通过国际动漫展会和文化交流活动，将城镇的动漫作品推广到全球市场，提升国际影响力。

第六，动漫能助力数字城镇创新创业生态。如设立动漫创意产业园，在数字城镇中设立动漫创意产业园区，吸引动漫制作公司、初创企业和相关服务企业入驻，形成产业集聚效应。提供动漫产业的孵化器和加速器服务，帮助初创企业快速成长，推动创新创业。由政府设立专项资金，支持动漫创意项目和初创企业，推动产业发展。提供税收优惠、租金补贴等政策，吸引更多企业和人才进驻数字城镇。

三、实践案例

如上所述，动漫能在数字城镇的建设中发挥积极正面的作用。而成都作为中国西部地区的重要中心城市，近年来在建设数字城镇方面取得了显著的发展，为相关产业提供了优惠政策和扶持措施。

神番动漫扎根成都，在动漫行业深耕 16 年，拥有动画全流程制作体系，主要业务包括动画制作、动画投资、动画发行等，一直致力于打造高品质的动画作品，涵盖适合少儿、青少年、成人等不同年龄观看的内容。公司拥有专业的创作团队，坚持长期主义，用心创作优质内容，不断超越自我并吸纳精英人才。同时，公司还积极开展国际合作，立志打造顶级动漫品牌。

在数字城镇的发展浪潮中，紧紧把握时代脉搏，持续输送优质动漫内容，并开始将工作重点放到对数字城镇建设的探索：一是大力打造自有动漫 IP，推进 IP 与文旅、教育、玩具等产业的跨界交流合作。如自有 IP《豪士歌》亮相第三届四川文创大会，为打造数字城镇的文化名片添砖加瓦。二是积极探索新技术，尤其是 AIGC 技术在动漫制作中的应用，实现动漫制作流程的智能化和自动化，提高制作效率和质量，降低制作成本。同时打造 AIGC 技术应用的教学平台，为数字城镇建设输送更多人工智能专业人才，为动漫产业的可持续发展提供有力支持。三是大力支持、参与中国科幻事业的发展，参与打造成都“科幻之都”城市形象，拥有多个科幻动漫 IP（《探险小龙队》《黑血》《神探齐乐天》等），赞助中国最权威科幻奖项“华语科幻星云奖”，承办 2023 年成都“世界科幻大会”科幻动漫论坛。2023 年，公司和北京元宇研究院一起探索科幻与动漫的深度链接，为数字城镇注入更多科幻色彩。

四、建设前景

随着技术的发展，动漫在数字城镇未来的发展蓝图中，也拥有广阔的前景。一是技术驱动的创新，随着 5G、AIGC、VR/AR 等技术的成熟和应用，动漫产业将迎来更多创新机会，提升内容创作和用户体验；二是动漫 IP 的全产业链开发将更加成熟，从内容创作到衍生品、主题公园、游戏等多方面深入挖掘 IP 价值，实现 IP 全产业链开发；三是借助数字经济的东风，让国产动漫作品在国际市场的影响力得到进一步提升，通过国际合作和文化输出，开拓全球市场；四是积极实现多元化内容创作，涵盖更多题材和风格，满足不同观众群体的需求。

综上所述，动漫产业在数字城镇的建设中发挥着重要作用，通过丰富数字内容、促进科技与文化融合、带动相关产业发展、创新商业模式、促进文化传播与交流等，为数字城镇的发展注入了强大动力。神番动漫积极投身于数字城镇的建设，亦将迎来更加广阔的前景。

场景及案例八：数智医养综合服务平台

——滨海新区互联网智慧医疗综合服务平台

一、建设背景

随着人们对更高生活质量的追求，对自身健康问题的关注，医疗服务水平越来越受到重视。在数字时代背景下，传统的医养服务模式已难以满足当前的需求，存在诸多需要改进的地方。

医疗资源配置不均衡，导致医疗服务的有效性、及时性及准确性得不到保障。这种不平衡不仅体现在医疗设备的先进程度上，更在于医疗人才的分布不均。

养老服务供给不足也日益凸显。越来越多的老年人需要得到专业的养老服务，但现实却是养老服务设施不足、服务质量参差不齐。这些问题都亟待解决，以确保每个人都能享受到公平、高效的医疗和养老服务。

在过去20年中，国家大力发展医疗信息化数字化为线上医疗的发展奠定了技术基础和市场基础。医疗信息化在我国大致经历了以下四个阶段：（1）21世纪初：电子病历的普及提高了医院的管理效率，也为医疗信息化打下了基础。（2）2001—2010年：由于互联网和信息技术发展，国家相继出台了推动医疗信息化的政策，这一时期各地医疗系统纷纷引进医疗信息系统、电子病历系统等。（3）2011—2020年：移动互联网普及引发对移动医疗的需求，通过手机App进行在线咨询、预约挂号等，医疗服务在这个阶段得到普及。(4) 2021 年至今：近年来，由于人工智能大数据和 5G 技术逐渐成熟，智能医疗设备和医疗大数据平台也不断涌现，使信息化医疗进入了智能化医疗的阶段。

在市场需求和技术发展共同影响下，数智医养综合服务平台应运而生，旨在通过数字化手段优化医疗资源配置，提升服务效率和质量。

二、解决方案

为满足人们在医养结合中的需求，通过建立区域数字化智慧医疗服务平台（简称数智平台），建成以预防和早期干预为主、以慢性病和常见病为重点的基本医疗服务体系。

（一）创新思路

基于数智平台的医疗健康管理模式，应用医疗大数据和 AI 等先进技术，将传统的被动治疗模式升级为集预防、保健、早期干预、治疗、回访、风险评估于一体的新型医疗数智化服务模式，从而提高了医疗服务的效率和质量。应用系统主要包括：基本医疗服务；家庭医生服务；互联网医院服务；基本公共卫生服务；远程医疗；分级诊疗双向转诊；在线会诊；慢病管理；健康信息监测；医疗服务在线沟通；机构绩效考核；体检中心管理；移动互联；继续医学教育；医养结合等功能。

（二）落地实施方法

2018 年在天津滨海新区上线试点的滨海新区互联网智慧医疗综合服务平台，通过构建“平台+医联体”的分级诊疗新模式，在家庭医生签约服务、提升医疗服务能力、推进分级诊疗等方面均取得显著成效。

（三）价值评估

数智平台的建立在提升工作效率、打通区域医疗信息互联互通、助力区域医疗健康生态链的形成和优化等众多方向发挥重要作用：一是提高工作效率。通过数智平台和AI技术的赋能，医疗机构可以实现工作流程的自动化和智能化，从而提高工作效率，降低运营成本。二是实现区域医疗信息互联互通。数智平台打破了不同医疗机构之间的信息壁垒，实现了患者医疗数据的合法合规共享，有助于提升医疗服务的协同性和连续性。三是链接家庭医生和辖区居民。数智平台通过数智化手段激活了健康档案的生命力，使得家庭医生能够更好地为辖区居民提供个性化的健康管理服务。四是助力形成区域医疗健康生态链。数智平台通过整合各类医疗资源和服务，形成了全方位、全生命周期的健康服务生态链，满足了不同人群的健康需求。五是提升医护人员医疗服务能力。数智平台提供了丰富的在线学习资源和交流平台，有助于医护人员提升自身的专业素养和业务水平。六是健全考核评价体系。通过数智平台的管理考核系统，可以建立科学合理的评价、激励和约束机制，激发家庭医生的工作积极性和创造性。七是推进分级诊疗服务体系。数智平台有助于推动优质医疗资源下沉基层，形成“双向转诊、上下联动”的分级诊疗就医服务模式。八是助力医疗赋能养老。数智平台通过整合医疗资源，为老年人提供便捷、安全、可及的医养结合服务，提升了老年人的生活质量。九是推动企业战略转型和创新。数智平台的应用有助于基层医疗机构实现战略转型和创新，提升其市场竞争力和社会效益。

三、实践案例

2018年天津市滨海新区卫生健康委与蓝卡科技共同打造滨海新区互联网智慧医疗综合服务平台（以下简称滨海平台），在天津滨海新区新北街蓝卡社区卫生服务中心试点，在家庭医生签约服务、提升医疗服务能力、推进分级诊疗等方面均取得显著成效。2020年天津市滨海新区卫生健康委将滨海平台在全区进行推广。

滨海平台以北京大学滨海医院、天津医科大学总医院滨海医院、天津市滨海新区大港医院为医联体龙头，向下连接滨海新区二级医院、社区卫生服务中心，构建滨海平台+医联体分级诊疗新模式。滨海平台在满足基本医疗、基本公共卫生服务基础上，创新了多种增量赋能服务产品，满足居民除基本医疗之外的健康服务需求，创新运营模式、丰富服务产品内容、满足各类人群健康需求的不断探索，使这些项目更大程度上助力于离居民最近的基层医疗机构。每个增量赋能项目均可以根据机构实际情况、市场调研（人群结构、消费水平、竞业和异业分析、需求调研）等进行个性化定制合作。同时，滨海平台提供医养结合医疗服务系统，为机构养老、社区养老及居家养老的老人提供家庭医生签约、互联网+家庭病床、互联网+护理、上门巡诊、预约就诊绿色通道、远程会诊等服务。

蓝卡科技通过数智平台优秀的功能和精心打造的蓝卡模式获得了社会各界的认可。2023 年蓝卡科技获得了国家卫生健康委颁发的现代医院管理能力建设社会办医第一名，同年被国家卫生健康委授予“中国家庭健康守门人”称号；中华医学会《全科医学进展》中也将蓝卡模式作为全国区域数智医疗唯一推荐案例。

场景及案例九：翔宇医疗“县域数字医联体/医共体”创新实践

——河南内黄“县乡村康复医疗服务一体化”建设项目

一、建设背景

数字医疗技术的创新驱动、区域医疗卫生资源的优化配置、健康产业新业态的融合发展，促进医保、医疗、医药的协同联合等，是我国卫生健康领域发展“新质生产力”的重要着力点。其中，“数字医联体/医共体”的建设，以数字化、智能化为核心驱动，推动促进各单位、各医疗资源高效流动、融会贯通，构建满足多层次健康需求的立体便捷服务网络，成为各地发展卫生健康“新质生产力”的重要引擎和有力抓手。

县级医疗机构、基层医疗机构和村卫生室作为中国医疗卫生服务体系的重要组成部分，直接面向广大人民群众提供卫生健康服务，担负着群众健康守门人的职责。以县级医院为龙头、乡镇卫生院为枢纽、村卫生室为基础的县乡村一体“数字医联体/医共体”的建设，是数字城镇时代，建立建设中国特色优质高效的现代化医疗卫生服务体系的关键一环。

“县域数字医联体/医共体”建设以人民健康为中心，借助先进的数字技术，整合优化县域医疗资源，充分实现医疗资源和医疗信息的共享交流，构建数字化医联体工作体系，实现多元主体共同协作形成医疗合力，对于最大化发挥资源优势和技术优势，破解基层医疗资源总量配置、人才结构、管理水平、财政投入、公众认知等发展难点，提升县乡村三级医疗卫生服务水平有重大利好。

二、解决方案

基于上述情况，以县乡村康复服务能力建设为抓手，整合装备、专家、学术、运营、技术等各项资源优势，在政府和卫生健康委的统筹领导下，研究提出了“翔宇医疗‘县乡村数字医联体/医共体’创新实践”解决方案。

（一）创新思考

依托数字技术和科技创新，结合国家分级诊疗政策，以信息互联互通、数据资源共享为基础，以丰富的智慧医疗应用为载体，并构建精密的信息化模式作过程管理，打造数字化“县乡村康复一体化”方案，实现县乡村康复医疗服务一体化，全方位满足县域群众刚性康复需求。

（二）落地实践

2023 年 7 月 14 日，河南省内黄县“县乡村康复医疗服务一体化”建设启动仪式正式举行。该一体化建设项目引入定制化的翔宇医疗解决方案，全面应用于县城第一、第二医疗健康服务集团与县域 6 个乡镇 34 个村卫生室，构建了集“急性、稳定、慢性”于一体的县乡村数字康复医疗工作机制和服务模式，保障患者享受系统、专业、连续的康复医疗服务，并对“县域数字医联体/医共体”的建设与发展产生了积极的影响。

（三）价值分析

翔宇医疗“县乡村数字医联体/医共体”创新实践以康复医疗服务为重要切入点，以数字创新驱动城乡医疗卫生服务向惠民、系统、连续三个方向发力，实现小病康复不出村、常见病康复不出乡（镇）、大病康复不出县（市），切实提高了人民群众就医获得感、安全感及满意度。数字赋能县乡村康复一体化，有利于加速构建以县域医疗为统筹、以乡镇社区医疗卫生为支柱、以村级卫生室为网络的特色县域医疗卫生体系，将全面提升县域医疗卫生综合服务能力。

三、实践案例

2023 年，在内黄县县政府和卫生健康委的统筹领导下，河南翔宇医疗设备股份有限公司整合装备、专家、学术、运营、技术等各项资源，以县第一、第二医疗健康服务集团为技术支撑，开展“县乡村康复医疗服务一体化”建设试点工作。

第一步，由县级医疗机构在标准化康复科的基础上，带动院内其他临床科室做床旁康复，实现全院康复一体化，提升二级医疗机构的康复服务能力。第二步，由卫生健康委和医疗集团主导作各乡镇卫生院的国医堂和中医馆建设，并根据每个乡镇医疗机构的不同优势，形成不同业务定位的差异化发展，整体提升基层医疗机构的康复服务能力。第三步，每个乡镇针对村医进行乡聘村用、门诊前移，做好乡村康复一体化建设，并对村医进行定期培训，让百姓在家门口就能享受到高品质的康复服务。至 2023 年 7 月 20 日，内黄县县乡村康复一体化建设基本完成，6 个乡镇 34 个村卫生室健康关口前移，使康复医疗服务基本实现急性期康复在二三级医疗机构，稳定期康复在基层医疗机构，慢性期康复在村卫生室的三级分级诊疗体系。

翔宇医疗全程做好数字康复理疗设备铺设、信息化嵌入、信息系统建设、数字技术支持等服务。翔宇医疗针对楚旺镇→城关镇→东庄镇→井店镇→高堤乡→中召乡 6 个乡镇 34 个村卫生室不同业务定位，完成数字康复理疗设备铺设和信息化嵌入。由县卫生健康委牵头，县级医院专家和翔宇医疗运营专家分批次对各村卫生室医护人员进行针对性培训，并建立微信交流群，便于沟通交流。

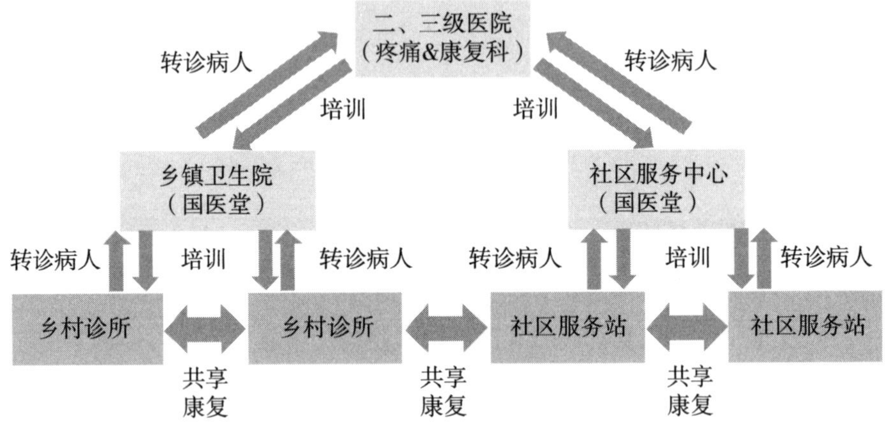

图 9.1　医联体组织架构

建设信息系统，并实施数字技术支持服务。严格执行医保政策，制定适宜的康复治疗项目，便于村医在推动免费体验期间可适当的宣传，提高患者就诊率。通过整合村医们在免费体验期间使用的医疗信息化工具和资源，确保在出现突发状况下可快速解决，并建立软件调试修复快速通道。以每个乡的一个村为推动点，协助村医们根据患者实际情况建议开具合适的康复治疗项目。

通过联动机制逐步落实功能定位：①实现急慢分治；②区域内开展标准同质化的医疗活动，如专家门诊坐诊、病房查房、开展技术、培训授课等形式，帮助下级医疗机构提升医疗服务能力；③推进区域内康复资源整合共享；④规范双向转诊及预约服务流程；⑤推进家庭医生签约；⑥构建医康融合的整合型健康服务。

翔宇医疗实施信息化系统建设、项目运营，提升区域整体康养技术、服务水平，实现有病养病，无病疗养：①加强医技人员团队意识、服务意识，完善管理制度，建立完整人才梯队；②积极与高校建立联系，助力基层康养机构长效人才培养计划；③以康复中医发展为基础，以医保控费为支点，合理调整医疗系统收入结构，建立区域内基层群众慢性病、常见病防控网络，切实践行分级诊疗制度。

翔宇医疗建设注重开展线上宣传。在村医平台、乡镇平台、县级平台、微信群内、微信公众号、视频号、内黄融媒等不同渠道进行宣传。

场景及案例十：
基于人民城市治理理念的网络数字平台

城市治理应当始终坚持“人民至上”的理念，以满足老百姓“衣食住行”需求为目标，不断提升城市安全、便捷、宜居、宜业水平，让市民获得感、满足感不断提高。近年来，各地结合社会治理实际，大力开发各类网络数字平台，取得了显著的社会效益，大大提升了社会治理水平，这些经验值得宣传和推广。

一、城市电动二轮车网络管理平台

电动二轮车已经成为很多城市居民出行的代步工具，成为城市交通中不可替代的一部分。但是，两轮电动车引发的交通事故、火灾事故多发频发，如何处理好加强电动车监管与方便老百姓、保城市平安与促进电动车发展的关系，是各地政府部门必须破解的难题。

近年来，我国出现了若干具有竞争力的电动二轮车数字网络平台企业。比如在湖北武汉、湖南岳阳推广的电动二轮车数字网络平台，目前已经取得了很好的成果，北京作为一线城市也正在开展哈啰数字网络平台的推广应用试点。从这些地方的应用情况看，数字网络平台在规范电动二轮车使用中起到的作用十分突出：一是通过平台提醒乘车人员控制车速，超速及时提醒。二是对每个电池运行状况实行实时跟踪，对达到使用年限的电池及时提醒淘汰更换，等等，达到了降低安全风险的目的。应当重视数字网络平台在促进电动二轮车健康发展中的重要作用，让他们在规范促进电动二轮车健康发展的过程中发挥主力军作用。

一是加强统筹领导。城市电动二轮车管理涉及面广，关系老百姓的切身利益和城市形象，是城市管理的重要内容。各级政府应将促进电动二轮车健康发展纳入议事日程，设立专门协调机构，形成协调机制，认真抓实抓好。

二是着力抓好安全。电动二轮车在城市发展中面临的最大问题是安全问题，必须着力打造电动二轮车的本质安全体系。建议从城市管理、生产流通、上路准入、市场监管、淘汰处理全过程对电动二轮车进行规范管理。其一是限速管理。应当在电动车制造加工环节做最高限速，在道路行驶中进行严格限速管理，安装车辆超速提示警示装置，对超速驾车行为进行必要处罚。其二是电池管理。对每一台流入市场的电池均应严格检测，标明检测人员信息，便于追索责任，发放合格证明，严禁不合格电池流入市场。其三是社区服务。严禁电动二轮车进入楼道充电。

三是发挥平台作用。提升电动二轮车管理水平从根本上来说还得靠科技、靠平台。尽管电动二轮车平台比自行车平台技术难度要大，但经过多年的迭代发展，也出现了若干具有竞争力的平台企业。建议今后大城市二轮电动车均应纳入平台管理，明确平台在管理电动车方面必须承担市场主体责任。

四是实行柔性执法。一是加快执行电动车更新政策，对旧车换新车实行补贴，换完后严格执行未达标电动车不上路。二是在执行各种补贴政策中按照居住人群进行补贴，凡是在辖区内拥有合法居住地和长住居民均可享受电动车更新政策。三是道路执法人员在执法过程中要柔性执法，对不合规上路电动车应当以规劝为主，尽量避免发生恶性事件。

五是完善市政设施。建议以满足电动二轮车上路行驶需要为前提，修改城市建设规划，完善市政基础设施和路网结构，在城区道路开辟电动二轮车专用车道，在城区建设电动二轮车集中停放区，在居民小区增建占地少存车量多的高层自动停车设施，在每个街道、每个楼房想方设法搭建电动车专门的充电装置，严格执行电动车禁止进楼房政策。

六是加大政策支持力度。在财政系统列出专项，支持二轮电动车更新和城市基础设施建设，鼓励金融机构支持城市电动二轮车平台企业发展，在促进电动二轮车持续健康发展中发挥关键作用。

二、永州公安创建的公安快速响应网络管理平台

湖南省永州市借助数字技术、网络技术和手机的普及，创建了“快反135”群众报案快速反应平台。老百姓借助手机上的“快反 135”App，可以一键式报刑事、火灾、水灾等案件情况，公安部门可以迅速组织警力，快速处置警情，确保社会平安。同时老百姓还可以一键式上报交通安全等情况，解决老百姓日常生活难题。“快反 135”是新时期人民公安数字+公安建设的典型案例，其成功做法值得推广。

三、安阳创建的民声微信群

河南省安阳市创建的民声微信群，广受当地群众的欢迎，是数字网络平台社会治理的又一成功案例。民声微信群具有以下特点。

第一，民声微信群是个践行“人民至上”理念的平台。安阳民声微信群建群出发点就是为人民服务、为老百姓解决问题，民生微信群成为老百姓与党和政府链接的桥梁和纽带，践行“人民至上”的理念。

第二，民声微信群具有可操作性、实用性和经济性。我国已经进入数字经济时代，通讯网络已经遍布全国所有角落，手机成为全国老百姓的必备用品，微信成为人际交往的主要途径，这既为构建民声微信群提供了基础条件，也为该平台的经济快速推广应用奠定了基础，具有可操作性、实用性和经济性。

第三，民声微信群成为提升农村基层治理能力的有效手段。通过微信群落实解决农民问题，深得民心，值得高度肯定。

第四，由纪检监察系统牵头实施的民声微信群具有权威性和执行力。

安阳纪检监察系统负责民声微信群的软件开发、后台管理和日常运营工作，既监督各级部门和官员，让他们不敢乱作为、不敢懒政；也震慑一些不法分子，让他们不敢做欺压老百姓的事情。同时，纪检监察系统牵头使得民声微信群具有了执行力。凡是在民声微信群反映的问题，要求事事有回应，而且必须在规定时间内作出回应，形成了责任追究机制和处罚机制，这样就形成了以问题为导向的回应老百姓需求的机制。

民声微信群的推广应用意义重大。一是对数字时代新形势下构建新型党群关系进行了积极探索。二是对新时期纪检监察工作进行了有益尝试。将纪检监察工作前移，力求将腐败消灭在萌芽状态，是构建风清气正政治生态的重要途径。三是构建数字+纪检监察+基层治理+改善党政干部工作作风+反腐倡廉+促进经济发展体系的有效途径。四是互联网时代我们党从被动应对舆情向主动服务群众、引导社会、掌握舆论主动权的有效手段。

场景及案例十一：银发健康数字惠民工程

一、建设背景

当前，我国已步入老龄化社会。我国中老年人群慢性病患者众多，许多中老年人长期处于亚健康状态，严重影响生活品质，大大降低了家庭幸福指数。国家提出发展银发经济，是应对老龄化问题的重要决策。实施银发健康数字工程，就是借助数字技术手段，对老年人群身体状况进行实时动态监测和精细化管理，利用现代医疗、传统中医、康养保健、身体锻炼、健康食疗等“内养外调”方式，实现对老年人“身心灵”全方位养护，真正提高老年人身体素质，达到“治未病”、提高生活品质的效果。

二、建设意义

（一）实施银发健康数字工程是应对老龄化问题的有效措施

相关研究表明，我国老年人运动量不足、免疫力下降、心理健康问题突出，导致身体素质下降，患病尤其是患慢性病人数迅速增加。据调研，我国目前60岁以上人群患高血压、高血脂、糖尿病等慢性病的发病率分别为58.3%、37.2%、19.4%，严重威胁中老年人群健康和生活品质。银发健康数字工程针对中老年群体的健康问题，坚持“治未病”和预防为主理念，聚焦慢性病预防和早期控制，强化防治结合和医防融合，提出和实施针对性强、可操作的解决方案和措施，从根本上提升老年人群身体素质，有效应对我国老龄化问题。

（二）实施银发健康数字工程可减轻国家和家庭医疗负担

调查显示，我国城市老年人慢性病患者每年医疗支出约占其收入的一半，农村慢性病患者每年需要花掉其收入的 1.3 倍来治疗慢性病，全国慢性病治疗费用占医疗总费用的 70%左右。以糖尿病为例，我国每年投入数千亿元人民币用于糖尿病治疗，糖尿病直接医疗支出占中国医疗总支出的 13%，这一数据还未考虑糖尿病及其伴发疾病给患者家庭带来的经济负担。银发健康数字工程注重强化老年预防保健，加强老年期重点疾病的早期筛查和健康管理，实施老年人失能预防与干预、老年人心理关爱、老年营养改善和老年痴呆防治等行动，将许多慢性病问题在医院之外控制或解决好，节约医疗资源，降低国家和个人医疗费支出。

（三）实施银发健康数字工程将有效扩大消费、拉动内需

大健康产业涉及面广、产业链长、业态多元、潜力巨大，既能够为人们提供健康服务，也能够培育经济发展新动能和新的经济增长点，将有效扩大消费、拉动内需。老年人健康产业在大健康产业中的比重最大、发展潜力最大、经济社会效益最为明显，因此，银发健康数字工程是推动大健康产业加快发展的重要抓手，它的实施对康养保健品产业、康养设施设备制造业、中医药产业、抗衰老产业、医疗康养旅游业、数字化康养服务业等将发挥明显的推动作用，从而有力地扩大消费、拉动内需。

三、建设思路

（一）建立协同推进体制机制

由卫生健康委系统相关机构牵头，其他部门支持和配合，大健康产业

领域社会组织、智库和企业参与，多元主体协同推动，市场化运作，真正做到项目落地。深化体制机制改革，形成面向老年人的“治未病”、治慢性病医疗卫生行政管理体制机制。

（二）加大政策支持力度

建议出台审慎包容的支持开展老年大健康服务的政策，支持老年慢性病防治，支持老年大健康产业领域的新经济、新业态、新模式、新平台，允许先行先试。不断完善慢性病、重大疾病药物和诊疗设备进口管理政策。鼓励社会资本投入老年大健康产业。打造一批老年大健康产业领域的领军企业。

（三）建立银发健康智库和数字化平台

组织国内外大健康领域一流专家，建立研究团队，以问题为导向，对银发健康的理论和实践问题进行研究。研究开发老年大健康产业领域的新经济、新业态、新模式、新平台，为老年大健康产业发展注入新动能。建立银发健康数字化平台，将其打造为银发健康服务国家级平台。

（四）推进试点示范

推广经实践检验的老年康养产品、模式和设施设备等。遴选老年大健康产业领域创新型企业，挖掘功效显著的康养保健品、科学先进的康养设施设备以及创新型健康服务模式，开展试点示范。通过试点示范，发挥典型引领作用。

（五）开展标准体系建设

完善国家药品标准体系，建设中药材质量标准体系，完善老年康养相关保健品、日用品、设施设备、服务等标准体系，建立慢性病防控保健产品、设施设备标准体系，制定和完善老年“互联网+健康”、老年数字化康养等新业态标准，等等，形成适合中国人体质，并与国际接轨的银发健康产业领域标准体系。

（六）提供资金支持

银发健康数字工程实施涉及面广、需要调动的资源多，还需要开展广泛社会动员等，要有一定的资金支持。建议国家财政拨出专项资金支持工程实施，推动银发健康事业发展。

四、建设内容

实施银发健康数字工程要贯彻落实新发展理念，坚持“以人为本”，普及科学健康知识和生活方式，充分利用国内外先进康养用品、设施设备和管理经验，打造面向老年人群康养护理的数字化分享平台和管理平台，实现对老年人身体健康的精确化检测、精细化管理和科学化服务，推动老年健康教育发展，缓解老年慢性病人病情，推动老年慢性病人群康复，提升老年亚健康人群健康水平，促进老年护理、康养产业和健康公益慈善事业发展，提升老年人群整体健康水平。重点任务如下：

（一）建设银发康养数字化平台

银发康养数字化平台建设是银发健康数字工程的核心项目。科学康养理念和健康生活方式的推广、普及，康养产品的推广等，均以银发康养数字化平台为主要依托。银发康养数字化平台设立多个功能板块，为老年人提供全方位的健康服务。康养产品、设施设备提供方和用户在数字化平台上实现高效供需对接和产品共享。依托数字化平台打造康养数字化生活社区，人们在数字化社区中分享康养理念、知识、信息和经验，分享康养产品、设施设备使用体会，传播健康生活方式，营造健康生活氛围。

（二）实施老年人群身体健康的检测管理和康养服务

一是利用现代科技手段对老年人群身体健康指标进行检查、监测，形成健康指标数据库，通过数据分析对老年人身体健康状况提出精准化个性化评价意见，进而形成有针对性、可操作的健康问题解决方案、身体调理方案以及健康方面的指导意见。二是利用大数据技术在全球范围内遴选创新性、高科技康养产品、设施设备，搭建数字化供需对接平台，使康养产品、设施设备生产、销售商和用户高效、低成本对接，实现供需双赢。三是利用数字技术实现康养保健品分享、设施设备共享，避免因产品、设施设备闲置而造成的资源浪费，节约老年人康养成本。

（三）推广科学康养理念和健康生活方式

银发健康数字工程依托数字技术，致力于在老年人群中推广科学康养理念和健康生活方式。比如，推广中医养生理念及其倡导的生活方式。我国中医文化博大精深、源远流长，在长期发展过程中形成了经过实践检验的养生理念，提出了健康的生活方式，如合理饮食、饥饱勿过、起居有常、睡眠有时等。再比如，推广“治未病”理念，告知老年人坚持预防为主，注重日常的健康管理，注重未雨绸缪、防微杜渐。

（四）提供高质量康养产品

近年来，随着生命科学、生物学和医学的快速发展，许多创新型康养产品被研发出来。银发健康数字工程依托数字技术，发现和推广高质量康养产品，提高其触达老年用户的精准性，给其带来满意的使用体验；利用大数据分析特定区域人们的营养和健康状况，在此基础上在该地区有针对性地推广康养产品；为老年用户建立数字化健康档案，提供持续的、全生命周期的康养保健服务。

（五）提供高科技康养设施设备

现代科技的发展推动了康养设施设备的研发和推广应用。银发健康数字工程依托数字技术，建立高科技康养设施设备信息数据库，通过大数据分析，对不同年龄段、不同生活习惯、不同家庭环境的老年人的健康状况进行精准“画像”，分析其对康养设施设备的需求，从高科技康养设施设备信息数据库中找出精准匹配其需求的产品，提供高效供需对接服务。

场景及案例十二：好停车“静态交通数字运营”创新实践

一、建设背景

交通是城镇发展和运行的基础。静态交通，作为交通体系的一部分，既受到动态交通的深刻制约，也反过来影响着动态交通的整体谋划。在“数字城镇”建设中，强化城镇静态交通的数字运营，对于促进城镇交通畅通便捷、空间高效利用，满足人民群众日益增长的美好生活需要有着重要的现实意义。

2021年12月，交通运输部印发了《数字交通“十四五”发展规划》，明确指出要以“数字化、网络化、智能化”为主线，以先进信息技术为手段，强化对城镇交通治理的数字化赋能，提高“精准感知、精确分析、精细管理、精心服务”的能力，不断推动城镇高质量发展。

目前，静态交通数字运营面临如下难点：其一，基建建设运营成本高企。现行的路侧智慧停车通常采取安装智能地磁、视频桩、高位/低位摄像头等设备，单个规划车位建设成本往往高达万元以上，同时还需线上安排人员进行收费管理，单人管理车位仅20个，形成投资过大、回收困难的尴尬境地。其二，数据整合与共享壁垒。静态交通管理涉及多个部门和机构，包括交通、规划、城管等，但各部门间的数据孤岛现象严重，缺乏有效的数据共享机制，限制了大数据等技术在提高公共管理效率上的应用。其三，停车费用的制定与收取难点。现阶段各地停车费用的设定、收取及管理仍缺乏统一标准和有效监管，导致不同区域、不同路段、不同停车场的收费差异较大，缺乏信息透明，易引起民众的抗拒心理。

二、解决方案

基于上述情况，好停车依托北京大学、西安交通大学等多所高校，建立联合研发实验室，在自身积累停车行业管理经验的基础上，提出了融合停车巡检自动驾驶机器人的“静态交通数字运营”解决方案。

（一）创新思考

本方案融合云、边、端的智能机器人移动计算平台，结合日趋成熟的多传感器智能感知、智能路径规划和智能交互等智能算法，对片区停车位进行智能化管理，相比于广泛使用的人力收费和高杆收费方案，其灵活性好、联网覆盖广、复用程度高、技术迭代快、智能化程度深、平台化能力强和可扩展空间大等特点体现得极其充分，能够极大地降低静态交通治理在人力、资源等方面的总体投入。

（二）落地实践

结合实际运营需求，已落地天津滨海国际机场，为旅客提供地面封闭车场反向寻车功能、为停车场管理方提供在库车辆清理、为运营方提供后续增值服务的定位等相关功能。

（三）价值分析

该解决方案在封闭式停车场数字化运营服务的基础上，深化数字赋能，构建了面向数字城镇时代全系统的静态交通综合治理数字运营服务体系，实现了“三化三提升”的效果，为数字城镇静态交通的全要素生产力提升探索了新的路径。

1. 车位管理精细化提升。通过机器人实现车位与个人的管理细节，监控运营漏洞，人员配置优化至最低，最大限度地降低运营成本，不断提升精细化运营管理水平，持续降本增效，在有效支撑当前停车运营的基础上，扩展延伸至停车充电、车后市场、其他增值服务等停车生态，实现停车业务链全覆盖。

2. 用户出行便捷化提升。用户通行前通过线上程序实时、精准地获取出行区域周边停车场、路侧空余车位、收费标准等信息，按需快速停放，避免时间浪费与无效交通，收费公开透明，支付方式便捷，停车简单、高效、轻松。

3. 交通治理智能化提升。基于停车管理平台下的静态交通大数据，评估区域停车资源使用情况，不同停车区域的差异情况制定不同的运营标准，最大程度地为不同类型用户提供其所能接受的出行服务。

三、实践案例

2024 年 5 月，随着武汉天河国际机场 T2 航站楼的重新启用，位于 T2 航站楼停车场内，机器人巡检车正式亮相，为旅客在反向寻车、安全巡视、车位计费、车辆服务等方面提供重点服务，同时结合武汉天河机场全域交通管理情况，将以机器人为核心，搭建全域静态交通管理体系，其核心内容如下：

（一）搭建全域停车管理平台

通过数字化手段，将管理区域内的停车数据整合在同一平台，涵盖车场数量、车位总数、空余车位、进出场数量等数据，便于对停车资源进行统一调配。

（二）建立监控指挥中心，平台化运营管理

在运营状况可视化的情况下，对全域路内及路外停车场及泊车位的收费进行有效监管，既对现有运营情况进行评估，也为后续的管理政策制定、拟定停车场的改扩建、道路改造等提供依据。

（三）大数据分析应用，建立停车数据资产

对用户画像、全区域车位利用、停车场数据监控、停车资源分布、停车导流预测、潮汐规律分布等运营数据进行分析，通过对相关数据的应用助力地方商业发展。

（四）停车服务与政务服务协同

在停车平台下设政务综合应用子系统，涵盖查询、车辆预警、黑名单管理、布控及撤防系统等，科学化预警机制。以停车为入口，发展汽车后市场服务。

场景及案例十三：飞慕科技“民众—商家—政府（CBG）融合驿站”

一、建设背景

公共卫生间作为城镇基础设施的重要组成部分，是让老百姓拥有幸福感的重要环节。

目前，我国政府管理运维的公共厕所数量约40万座，商超、交通、医院、学校、文旅公共卫生间超过200万座，每年投入的运维人次高达50亿标准工时。城镇公厕普遍面临建设、运维经费紧张、管理难度增加等问题。同时，以人工巡检、人工保洁为主的运维方式，打扫任务量大，打扫人员劳动强度高，卫生状况并不乐观。

二、解决方案

基于上述情况，针对公厕建设技术、卫生条件、财政支持等难点，飞慕科技从生态技术、数字智能与管理等方面入手攻坚研究，提出了“CBG融合驿站”解决方案。

（一）创新思考

第一，针对卫生问题，方案以“数字化自动清扫方案”取代了传统的人工作业，依托于高效的数字化技术搭建一体化数字平台，实现公厕的自动保洁、自动除臭，人流量监测等，极大地提高了公厕洁净程度和运维效率。第二，针对公厕在传统观念中的脏乱臭问题，首先在设计上增加商业氛围，将其建成具备商业功能的驿站，取代传统公厕单纯的如厕功能，解决群众对公厕概念的排斥心理。因为商业的引入，不仅解决了公厕的建设和运维费用问题，还增加了当地就业机会。第三，对公厕的政务服务功能和城市形象，设计专门的功能模块，提升公厕效用。

（二）落地模式

第一，老旧公厕升级运维方案。针对老旧厕所无法进行过多商业化，以解决其定期的改造经费和持续更新问题为主。飞慕科技采用自动化保洁机器人和数字化管理软件极大提升了公厕运维效率，节省了运维支出。飞慕对老旧公厕进行改造升级，实现了公厕的全面智能化。飞慕科技升级改造老旧公厕的投资回收方式比较简单，政府仅需要给予飞慕科技一定年限的运维经费，飞慕科技通过效率提高后运维费用的节省实现投资回收。第二，“CBG 融合驿站”落地方案。针对投资额度高，数量大的新建公厕，主要解决政府一次性投入高的难题，同时让公厕给城市带来明显的文化和形象增益。飞慕科技将公厕设计到“CBG 融合驿站”，使其成为政务服务、商业经营的一部分。所有驿站均由飞慕科技投资建设，并依靠商业运营获得的利润覆盖所有投资。公厕部分，飞慕科技采用了自动化和数字化技术，在运维上实现洁净卫生，为商业和政务服务提供了低运维成本和良好的环境条件。

（三）技术方案

第一，飞慕运维的所有公厕，最终目标是公共卫生间区域的无人化值守，目前可以降低 50%~90%的保洁工作量。通过配套的无人值守智能化监控系统实现使用者在卫生间的高度安全和全面数字化。厕间自动保洁机器人，主要实现公共卫生间厕间的自动保洁。该机器人采用自主设计的软件算法，在如厕人员离开后，保洁机器人会根据预先设定流程对厕间地面进行智能保洁，完成冲洗、擦净、吸干的清洁全流程，并将污水收集并排到下水管道中。因为卫生间的特殊性，本项目的机器人在不允许使用任何视觉传感器的工况下，实现机器人的正常工作。借助常规传感器，保洁机器人还具备如下功能：自我学习性能。根据厕间长度不同，自主设定有人区域和无人区域；安全性能。硬件配置有应急按钮开关及机械防撞装置，软件配置上实现人进入清扫区域机器退回，开门退回等，保证机器人运行安全，同时机器配置有防晕倒检测装置，保证厕间人员的安全。第二，飞慕还开发了集成智能化管理软件：结合物联网平台，可实时将公共卫生间的各种设备和自动保洁机器人的运行状态、执行部件状态、错误码、运行次数等信息实时上传到云平台，云平台根据上传的信息进行监控、信息处理，实现一屏化的可视管理和部件级远程操控，让业主方、管理方、服务方均可信息同步，大幅减少管理监管负担。上述技术方案已在连锁餐饮品牌领域大规模应用。同时，飞慕以此技术方案获得了2024年数字中国智能科技大赛（国家级）的优胜企业奖。

（四）价值分析

第一，经济价值。创新了公共卫生间的社会投资运营新模式。在政府财政压力较大的情况下，社会资本如何进入公共服务领域一直是一大难点。飞慕利用数字化技术和智能化技术节约运维费用，通过提高效率节省的收入和商业化运营获得的利润弥补了政府建设运维的不足。第二，资源价值。实现公共设施的全面数字化，将实现公共卫生间数字化资源破壁级的突破，为未来政务服务和商业运营提供基数庞大且精准的数字资源依据。利用公共卫生间分布广泛和自然引流的特性，对人流量、公共服务和商业服务过程产生的数据进行各类专业级的分析，可以实现对覆盖区域范围人群的针对性服务。第三，社会价值。实现群众、商家、政府三赢的局面。政府不投入建设从而提高财政资金使用效率，群众有便利的如厕、购物设施，商家通过固定的人流获得销售利润。

三、实践案例

（一）庐山“CBG 融合驿站”特许经营项目

2024 年飞慕科技在庐山市获得中国首个“CBG 融合驿站”的特许经营权，总投资 1 亿元，建设 200 座“CBG 融合驿站”，特许经营期 18 年。在庐山及其周边，包括庐山各大景区，有大量公共卫生间的建设需求，游客及市民群众对公共卫生间的需求也较为强烈。飞慕科技与庐山市签订了全面合作协议，由飞慕科技为庐山市建设 200 座“CBG 融合驿站”（数字生态公厕复合空间），高颜值、高智能、高洁净，方便游客、市民的需求，大幅度提升城市形象和文明程度。

（二）无锡市老旧公厕升级运维方案

无锡市共有公共卫生间 1800 余座，如按十年期改造需要近十亿元投入。在财政紧张的情况下，旧厕改造对任何政府来讲都有较大压力。飞慕采用了无需政府投资的“以运代建模式”，对老旧城市公共卫生间进行升级改造。政府不投入高昂的卫生间升级改造费用，而只采购公共卫生间的使用服务。飞慕投入智能化自动化设备和软件，并作为运维方，依托自动化、数字化技术，通过卫生间长期且精细化的运维获得效益。2024 年，飞慕科技“以运代建模式”在无锡市完成了首批数十个点位的改造落地。公厕内采用节水高净的泡洗式洁具和自动保洁机器人，并配备全套集成自动化、智能化管理，最终实现无人值守。通过降低水耗、人工运维和管理费用，实现建设费用的回收，达到公厕“改造不花钱，运维不加钱”的三赢局面。

场景及案例十四：通宜嘉云“低碳数字道路工厂”

一、建设背景

随着全球气候变化和环保重要性的日益凸显，推动绿色低碳转型发展成为了全球共识。我国提出力争在2030年前实现碳达峰、2060年前实现碳中和的目标。城镇作为经济社会发展的主要载体，将在实现这一目标中起到关键作用。其中，道路作为城镇基础设施的重要组成部分，推动其绿色低碳的建设、养护是优化升级城镇基础设施的必要步骤，是推进生态文明建设、实现“双碳”发展的重要环节，更是数字城镇重点建设发展内容之一。

道路基础设施建设是交通运输行业绿色低碳转型的重点领域。近年来，在“双碳”目标的要求下，各级城镇都在积极探索通过新的道路材料、改进传统材料的性能以及引入新技术，建设更加环保、耐久和高效的城镇道路系统，从而为数字城镇的建设发展作出贡献。

当前城镇道路建设及养护过程中仍存在一些问题，如投入与需求不匹配、材料性能不稳定等。材料方面，传统的热拌沥青混合料技术由于其高能耗和高排放特点，与绿色低碳发展理念并不相符。材料的温拌技术虽然比热拌技术节能减排，但拌合摊铺温度仍然较高（100~140℃），存在一定程度的能耗和排放问题。乳化沥青冷拌冷铺技术虽解决了冷施工的问题，但在路面的稳定性和耐久性方面表现不足，尤其在恶劣天气条件下的性能表现有限。因此，数字城镇道路建设亟须向新材料、低碳化方向转型发展。

低碳化路径一：道路养护材料制备低碳化。通过新材料新装备新工艺等新质生产力赋能迭代，打造能契合城市发展各项规则要求的养护材料制备基地。

低碳化路径二：养护过程能耗低碳化。通过路面病害早发现，养护修复不过夜，延长道路基层使用寿命，避免道路材料重复消耗。

低碳化路径三：通过城市道路轻量化养护，减少工程车辆尾气排放，集道路低碳化一体化综合解决，城市道路管养管理观念由传统的“重建轻养”向“品质养护”转变。

二、解决方案

基于上述情况，通宜嘉云依托浙江大学和浙江师范大学技术团队，以水反应混合料为核心，打造了“嘉云未来道路超级工厂”研发中心，通过创新技术和改进工艺，成功研发了具备卓越性能及持久使用寿命的特种沥青材料，构建了通宜嘉云“低碳数字道路”解决方案，降低了生产过程中的能源消耗和环境污染，同时提高了生产效率和产品质量，对提升城镇道路整体质量、优化城镇交通环境而言具有重要价值。

（一）创新思考

解决方案以国际首创的“活性乳液聚合”平台型技术为核心，成功攻克沥青混合料水反应难题，通过对材料基因组数字赋能，优化调控材料性能，实现沥青混合料的“松散—怕水”到“致密—亲水”的重点技术跨越，打造出常温低碳反应型沥青混合料。该材料具有高断裂强度、高断裂伸长率、高韧性；整体力学性能较常规材料提升5~10倍，实现“软、弹、强”平衡；平衡的高/低温性能，解决了传统材料“热粘冷脆”的行业痛点，同时具有节能环保、绿色低碳，施工季节全天候等特点，可实现工程建设阶段和养护阶段的“双碳”要求，助力道路基础设施绿色、低碳、循环融合发展。

（二）落地实践

2022 年在诸暨成功落地低碳常温反应型沥青混合料的生产基地——超级绿色工厂。解决方案已成熟应用于“白改黑”道路翻新、隧道内路面快速翻新、高架桥面轻量化铺装、老路翻新品质提升等领域。目前市场应用已超 60 万平方米，主要是杭州、宁波、绍兴等多个城市主次干道、交通要道及重大活动主要干道等。

（三）价值分析

该方案的碳排放强度控制为数字城镇低碳道路建设养护提供了碳达峰、碳中和的可行之路。通过新材料、新装备、新工艺等新质生产力的赋能迭代，包括道路建设和养护过程中材料的低碳制备、能耗的降低，以及装备轻量化的实施，将极大地提升城市基础设施的经济效率，避免资源的重复消耗和浪费，有效降低道路建设、运营、维护等全生命周期的碳排放。同时，通过采用环保材料和技术能够显著减少沥青路面施工和使用过程中的废气、废水和固体废弃物排放，有效降低对环境的污染，为人民群众提供安全、便捷、绿色、经济的出行和生活环境。

三、实践案例

2023 年 9 月，通宜嘉云在浙江省诸暨市璜山镇投资建设低碳常温反应型沥青混合料的生产基地——超级绿色工厂。全面实践“低碳数字道路”解决方案，充分发挥数字优势，解决传统热拌沥青混合料生产过程能耗高、碳排放大的问题，提升产业高端化、智能化、绿色化发展水平。

本项目建设内容为通过对生产设备的智能化与模块化设计，自动监测、控制和调整生产过程，减少生产过程中的人为干预，有效提高生产效率，同时模块化设计使设备更容易调整和升级，适应不同的生产需求，进一步提高了生产效率。具体内容包括：

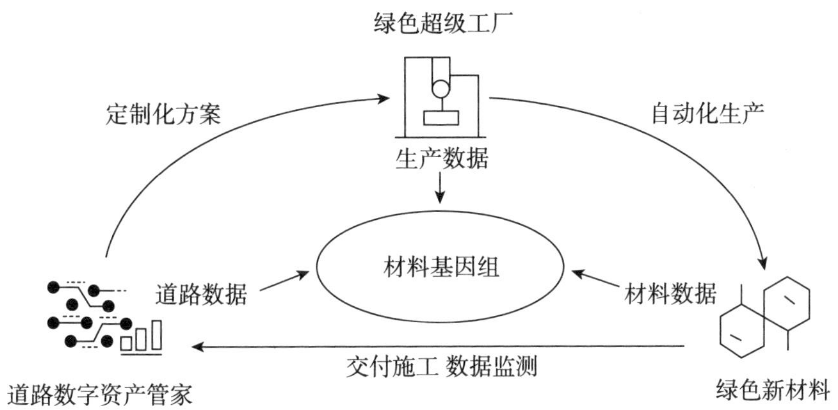

图 14.1　项目示意图

（一）低碳常温反应型沥青混合料拌合站

1. 采用集成化综合布局设计与一体化管理系统，通过集成的控制系统来统筹各个操作环节，整合原料储存、预处理、拌合、质量控制等多个工艺环节，确保生产过程的连续性和稳定性。

2. 采用标准化模块设计，将拌合站的各个部分设计成标准化、模块化单元，使得各个单元可以根据需要灵活组合，便于安装、维护和升级，满足不同的生产规模和要求。

3. 采用自动化控制系统与数据化分析系统，利用自动控制和监测系统，实现材料的精确配比和拌合，同时应用大数据和人工智能技术进行生产数据分析，以优化拌合过程和质量控制。

（二）低能耗石料加热脱水装置

1. 采用电能替代传统化石能源作为供应加热的能源，同时利用太阳能等可再生清洁能源，驱动热泵作为热源供应，实现电能与热能的有效转换和综合利用，进一步降低能耗。

2. 采用系统集成设计，确保设备与可再生能源电能之间的高效连接和协同运行。

（三）沥青混合料级配精细化控制装置

1. 开发高精度质量测定及实时监控装置，确保各档石料的准确计量与配比，并具有识别及纠正偏差能力，保证混合料的级配配比正常。

2. 构建质量控制和反馈机制，建立一个质量控制流程，包括定期的样品测试和对生产过程的持续监控，以及基于测试结果的反馈调整机制，实现对混合料配比的靶向优化改进。

（四）连续型低碳常温反应型沥青混合料拌合楼

1. 采用连续化生产流程设计，建立有效的原料存储和调度系统，使用自动化的物料输送系统，以确保骨料和沥青的连续、稳定供应，通过安装传感器和实施实时数据监控系统，对生产过程进行实时监控和自动调节，实现原料的连续供应和成品的稳定输出。

2. 采用可装配式模块设计，将拌合楼的主要组成部分设计为标准化、可装配的模块，如原料处理模块、混合模块、包装模块等，确保各个模块可以快速地组装和拆卸，便于运输和现场组装。

（五）低碳常温反应型沥青混合料拌合控制系统

1. 采用生产精细连续化控制，安装多种传感器和监控设备以实时监控生产过程中的关键参数，应用自动化技术来控制整个生产过程，确保生产连续性和高效率。

2. 采用数据收集分析与优化设计，收集生产过程中的所有关键数据，并使用大数据分析技术来识别模式、趋势和潜在的改进领域，建立基于数据驱动的持续改进机制，不断优化和提升生产过程。

项目的落地得到了浙江省内相关部门、高等院校及业界企业的关注。2024 年 6 月，中国工程建设标准化协会《常温反应型改性沥青路面技术规程》编制组成立暨第一次工作会在绍兴诸暨工厂胜利召开。会议由中国工程建设标准化协会城市交通专业委员会秘书长张学军教授主持，30 余位国内道路行业专家教授共同参与。

会议指出，该项目作为全国打造的首个“低碳数字”常温反应型沥青混合料拌合工厂，对国内道路建设及养护行业的高质量发展具有重要意义。项目不仅突破现有热拌沥青混合料制备过程中的高能耗、高排放等技术瓶颈，攻克高效节能减排型生产装备的核心技术，开发智能化、模块化、绿色化的常温沥青混合料生产成套装备，同时对加快推广应用智能制造设备和软件，加快工业互联网建设和普及应用，培育数字经济赋智赋能新模式，建立完备的技术标准体系发挥了重要作用。

场景及案例十五：奥雅数字文旅创新实践

——深圳南山区大筒仓工业遗址数字艺术馆

一、建设背景

重视数据、大模型、算力等新型生产要素的集成应用，推动多项科技创新融入传统文旅产业发展的各环节、全过程，重塑全新的生产方式和消费模式，是数字城镇文旅产业加快形成“新质生产力”的关键所在，也标志着文旅产业全面步入了“数字文旅”发展时期。

“数字文旅”是指利用数字技术和互联网手段，以其特有的要素整合、技术创新、产业关联、价值增值等内在逻辑引导更多文旅产业探索融合发展路径，创造新的产品、业态、消费和模式，提供更加丰富、更有个性、更多场景的文化旅游体验。2020 年 11 月 18 日，文化和旅游部发布的《关于推动数字文化产业高质量发展的意见》指出，发展沉浸式业态，开展数字艺术展示产业，是当前“数字文旅”建设的重点任务之一。

沉浸式数字艺术空间，成为了“数字文旅”的潮流风尚。它运用数字媒体技术为参观者带来复合式的感官刺激，其情境性、叙事性、代入性强等特征，为新时代文化艺术提供了崭新的表达方式，促进了艺术家与参观者之间的思维碰撞和交互，使参观者体验到全身心沉浸参与的愉悦感和满足感。然而，如何将技术与文化深度融合，创造出既有深度又有广度的文化体验，仍有许多亟待解决的问题。这不仅需要技术团队对城镇文化有深入的理解，也需要文化团队对技术有充分的掌握。

二、解决方案

基于上述情况，以数字文化创新为根本思路，围绕思想性、文化性、在地性、叙事性、多元性等五大标准，遴选兼具美感、技术和思想的文化艺术作品，融合次时代视觉音效创新技术，形成了“奥雅数字文旅创新实践”解决方案。

（一）创新思考

以“The Next Generation Experience”为主题，通过保留遗存痕迹、聚焦艺术主张、征集全球作品、依托科技应用、OEPC 设计施工运营一体等方式，集结了全球 48 组、107 位艺术家与设计师 68 件优秀作品，既有国内数字艺术天花板团队，也有国际艺术家联合团队，辅助从 VR、AR、实时渲染到全息影像传感等多项全球顶尖技术，打造一场极致的光影艺术盛宴，同时配套餐饮、潮玩等打造“数字文旅”新场景。

（二）落地实践

中国首个工业遗址数字艺术馆、首座元宇宙体验中心、前沿数字文旅地标——大筒仓数字艺术馆（THE SILØS）于 2022 年 6 月 30 日正式揭幕。它的前身为广东浮法玻璃厂。大筒仓是奥雅在存量空间、工业遗址领域的“数字文旅”创新实践，并将结合全国其他省市本土需求和特点进行复刻。

（三）价值分析

“奥雅数字文旅创新实践”满足了人民群众提高文化素养和艺术精神境界的需求，丰富了大众的城镇幸福文化生活。该实践将创意创新的产业内容与传统工业遗址改造相融合，提升了老工业旧址遗存保护和利用的价值，盘活了存量资产，实现城镇空间活力再生。

三、实践案例

大筒仓数字艺术馆，位于深圳南山区蛇口价值工厂，其前身是广东浮法玻璃厂。2021 年，奥雅设计对大筒仓进行全面改造，于 2022 年 5 月 22 日晚正式对外展示。改造后的大筒仓成为了深圳“数字文旅”的全新地标，中国首个工业遗址数字艺术馆与元宇宙体验空间。

大筒仓数字艺术馆改造后整体面积为 2400 平方米，底层有两个纵深大空间、上面是 4 个大筒仓以及 7 个分层小空间。其中业态包括筒仓展厅、筒仓商店、筒仓小剧场、筒仓乐园以及大筒仓绽放花园云顶餐酒馆。展厅部分是元宇宙的线下体验展，分为若干篇章：端口、数字花园、创世幻境、平行宇宙、云端上传等，由来自世界各地的近 60 位艺术家用想象与创造力，辅助数字技术，营造了一个亦真亦幻的沉浸式元宇宙体验空间。

2023 年 11 月 25 日，大筒仓二期沉浸式戏剧《莴苣公主历险记》首映以及梅塔 X space 魔法乐园正式开幕。二期集 X space 光影互动游戏、沉浸式童话戏剧、南洋风海景餐厅于一体，在工业遗址中再次施展科技和艺术的魔法，沉浸式数字艺术的独特魅力再度令人惊叹。值得一提的是，X space 光影游戏汇集了目前世界最前沿的 8 个光影互动游戏内容，很多游戏是国内的首次亮相，并对国外版本进行了全新升级。

大筒仓开馆以来，接待了全国各地的访客，以及英国、爱尔兰、德国、澳大利亚等海外参观团，数次被大型媒体报道，累计接待人数超 20 万，合作品牌 44 个，落地活动 76 场，赢得各界广泛好评，并斩获中国文旅新营销峰会中国文旅先锋奖、2022 高交会产业融合发展·虚拟现实创新大赛二等奖、第七届“龙雀奖”最佳元宇宙开发创新试验区等多个奖项。

场景及案例十六：华为兴农“百千万工程”

——广州市黄埔区迳下未来乡村新型农宅样板房

一、建设背景

持续改善农村住房条件，提高农民居住品质，不断增强农民群众获得感、幸福感、安全感，是全面推进乡村振兴、建设宜居宜业和美乡村的重要内容。

改革开放后，我国农村迎来了建房热潮，农民住房条件有了大幅改善。进入21世纪后，社会主义新农村建设稳步推进，农村住房面貌发生了变化，“平房变楼房、散居变小区”成为现实，农村住房设施设备也在不断完善，基本实现了“沼气进厨房、电话进客厅、太阳能进浴室、互联网进书房”，农民幸福指数明显提升。数字时代，在数字内核驱动之下，“农宅”建设也步入了崭新的发展阶段。

传统农宅的信息化和智能化程度仍较低，无法满足人民日益增长的美好生活需要。人们期待更多的数字科技成为美好生活的智能支撑。

大部分农宅兼具生活资料、生产资料双重功能。数字时代，“农宅”建设怎样与生态宜居美丽乡村建设、乡村产业高质量发展等时代主题有机融合，是新的考验。

数字技术与农业农村深度融合产生大量重要数据，这些数据的安全保障问题，成为制约数字乡村建设与发展的重要因素。推进数字农宅建设，必须筑牢数据安全屏障，这也是数字时代“新农宅”建设的重要课题。

二、解决方案

以数字化发展为根本思路，华为兴农“百千万工程”成为数字时代“新农宅”建设的创新性解决方案。

（一）创新思考

以数字化技术为驱动，引入了“集成家居”“全屋智能”等，建设高质量智慧科技“新农宅”，提升农居生活幸福感。设置云服务平台与数据平台，居住者可实现对全屋家居的智能操作，通过采集和分析，在保障农宅各类数据资源安全的基础上，进行再开发，为农宅的运营、服务以及乡村善治等提供支撑。

（二）落地实践

2024 年 3 月 26 日，以“和美农居”为命题的未来乡村新型建筑工业化示范项目——广州市黄埔区迳下未来乡村新型农宅样板房圆满竣工。该样板项目依托绿色建筑全国重点实验室，全面引入定制化华为兴农“百千万工程”解决方案，打造旗舰版“数字农居”，对乡村农居美好生产生活产生了积极影响。

（三）价值分析

首先，华为兴农“百千万工程”进一步改善了乡村的居住条件与生活环境，提升了农居生活幸福感；其次，智能系统的应用，使得农居可根据生活习惯和需求进行调整，优化了能源利用；第三，智能农居的推广与运用，为创建乡村旅游、养老等产业的新业态、新场景提供了坚强支撑，对乡村产业与经济的发展有一定积极作用。

三、实践案例

2024 年 4 月，全经联产业 IP“博创发展”携手中建科工和华为智能，共同建设广州市黄埔区迳下村的新型农宅样板房工程，全面实践华为兴农“百千万工程”解决方案，充分发挥数字优势，率先探索广东省“百千万工程”实施落地的“广州模式、科技路径”。

本项目建设内容为省乡村治理示范村、国家 3A 级旅游景区——广州市黄埔区迳下村的 200 余栋新型农宅。业主方要求引入智能门锁、照明、窗帘、空调地暖新风、无线网络、智能监控等智能家居模块，并在每个空间中，设置多种场景、功能组合，满足农居幸福生活的多重畅想。

通过结合当地粤府、客家等生活及文化习俗，兼顾从“三口之家”到“三代同堂”的使用需求，“博创发展”联合华为定制了一套个性化的华为兴农“百千万工程”解决方案。全屋共设有智能安防、照明、家电、影音娱乐等 25 个智能化设备，80 个智能化点位，并将全屋智能适老化场景融入其中。同时，做好了乡村建设信息数据采集的接口预设，并构建起全过程安全管理体系，以保障数据的连通性与安全性。

住户解开“智能门锁”回到家中，“智能控制面板”即刻启动“回家模式”。住户可根据不同情况选择相应场景，自动调节室内灯光、智能家电、窗帘等。起居室内安装了 10.1 英寸的智能中控屏，通过收纳式卡片，可以实现对全屋设备、系统、场景的分类控制，空间信息一目了然，操控得心应手。

厨房里配置了智慧水浸检测、燃气检测和烟雾检测等功能，一旦出现险情，报警器能迅速检测，第一时间发出高音报警，激活 App 推送，同时阀门自动关闭，进行有效防范。

卧室内设置多种情景模式，住户可以享受自然唤醒、便捷起夜、舒适入眠等场景，使其从入睡到清晨醒来，都能得到舒适的呵护。另外，卧室和卫生间里都安装了 SOS 紧急求助面板，如遇紧急情况，可以通过按键触发报警，通知其他使用者，并向社区物业中心发出求助信号，为居家养老提供了更多安全保障。

本项目是“博创发展”与华为共同打造的首个“数字农宅”建设工程，对广东省宜居宜业和美乡村建设的高质量发展具有重要意义。项目打造的“无微不智”数字生活场景，得到了住户、居民的一致认可。

场景及案例十七：北京 CBD“数字底座”生态系统的构建及应用

一、建设背景

2024 年 5 月 14 日，国家发展改革委、国家数据局、财政部、自然资源部联合发布了《关于深化智慧城市发展 推进城市全域数字化转型的指导意见》，提出全领域推进城市数字化转型，充分发挥数据基础资源和创新引擎作用，更好服务城市高质量发展、高效能治理、高品质生活，支撑发展新质生产力。

人类活动 80%以上的信息与空间位置有关。数字底座，是以空间地理数字底座为数据基础，融合社会经济运行等多源动态数据，构建而成的数据统管、平台统一、系统集成、全域感知、应用多样的综合平台，是一种全空间、全要素、全过程、一体化的多层数据融合形式，更是城镇数字化转型的重要支撑与关键步骤。建设“城镇数字底座”，是数字时代城镇实现高质量发展的内在要求与重要措施，其核心在于利用实时全量城镇数据资源，以驱动城镇要素配置、重组与运营，实现最优化。

为适应城镇日益增长的精细化治理需求，破解城镇资源优化配置与高效利用的瓶颈，构建城镇数字底座及其生态系统，推进城镇数字化转型已成为了城镇发展的必由之路。

二、解决方案

基于上述情况，51WORLD 结合北京 CBD 数字化转型 4 年实践，以数字孪生为基础，构建起国内首个 L4 级的高精度数字资产底座——北京 CBD 数字孪生时空信息管理平台，并针对不同应用场景串联了两大关键性项目——北京 CBD 全球数字会客厅、北京建外街道楼域共平台数字孪生系统，构筑了高效、智能、交互式的北京 CBD “51WORLD 数字底座” 生态系统。

（一）创新思考

基于 51WORLD 自主研发的全要素数字底座 AES，搭建 L4 级高精度的智慧城市管理平台，实现对海量多源城市运行数据的集成接入与分析，全要素、高拟真地对区域进行数字还原，为城市各类应用场景提供全面数字化支持。在此基础上，针对区域内典型场景——商务交流和基层治理，打造了 “北京 CBD 全球数字会客厅” 和 “北京建外街道楼域共平台数字孪生系统” 两大衍生项目，为城镇数字安全流转与共享、高质量挖掘与利用等提供了新思路与新示范。

（二）落地实践

2023 年 12 月，51WORLD 为北京 CBD 区域打造的第三大数字孪生项目—— “楼域共平台数字孪生系统” 发布。至此，历时 4 年，51WORLD 为北京 CBD 所构建的 “数字底座” 生态系统，全面迈入全新发展阶段。4 年来，从 “北京 CBD 数字孪生时空信息管理平台”，到 “全球数字会客厅”，再到建外街道 “楼域共平台数字孪生系统”，三个项目不同程度地解决了北京 CBD 区域数字化转型各层面的难点。该系统解决方案为北京 CBD 区域持续数字化转型，打造具有全球影响力数字 CBD 标杆区作出了重要贡献。

（三）价值分析

第一，“北京 CBD 数字孪生时空信息管理平台”是全国首个 L4 级高精度的智慧城市管理平台，为城市管理者提供了一个全新的视角和工具，使得城市管理更加精准、高效。同时，该平台的建立也标志着北京 CBD 在智慧城市建设方面迈出了坚实的一步。第二，“北京 CBD 全球数字会客厅”展示了北京 CBD 在数字化应用方面的创新能力和前瞻思维。它的成功应用，提升了北京 CBD 的国际形象，引领了数字化商务交流的新趋势。第三，北京建外街道“楼域共平台数字孪生系统”的成功实施，不仅提升了基层治理的现代化水平，而且为党建引领基层治理提供了新的思路和模式。它的建立，体现了北京 CBD 在推动区域协同发展、实现资源共享方面的领导力和影响力，为构建和谐、高效的 CBD 环境作出了积极贡献。

三、实践案例

北京 CBD 是全球排名第七、亚洲排名第二、中国排名第一的中央商务区，具有毗邻使馆区的独特区位优势，在引领北京建设“国际交往中心”和面向全球百强企业招商方面有着天然的有利条件，也肩负着承担全国领先示范区的责任，是面向国际的优质窗口。因此，其区域数字化转型要保持领先。

2019 年，北京 CBD 管委会联合 51WORLD，率先推动北京 CBD 数字新基建，构建了国内首个 L4 级高精度城市级数字孪生平台——“北京 CBD 数字孪生时空信息管理平台”，实现了百余平方公里城镇物理空间与数字空间的实时映射与同步交互。该平台融合了倾斜摄影、激光斜扫、SHP、CAD 等多源异构基础数据，开创性地建设了一个相对复杂的城市运行系统，涉及土地管理、城市治理、数字招商等多层次、多环节业务要素。该平台一方面逼真还原，另一方面具有高度可扩展性与适应性，能够随着城市发展不断更新完善，是实体空间和数字孪生空间融合应用的优秀实践案例，并入选中国信息通信研究院联合中国互联网协会数字孪生技术应用工作委员会编写发布的《数字孪生城市优秀案例汇编（2021 年）》。

2022 年 5 月，北京 CBD 发布了数字化转型建设的最新成果——全球数字会客厅。这也是 51WORLD 作为区域转型系统解决方案提供方，为北京商务中心区管理委员会量身定制的方案。基于数字孪生技术，51WORLD 将现实中的商务会客厅转化为一个高度仿真的数字虚拟空间。在“会客厅”中，参与者可以通过云端实时在线技术，不必佩戴特定设备也能随时进入沉浸式会议场景。“会客厅”窗户，则是“数字孪生时空信息管理平台”提供的 CBD 实时景象，为参与者营造了高度逼真的商业交流环境。此外，“会客厅”还具备一键合影、PPT 投放等系列交互式服务，使会议的形式与内容更加丰富精彩。

2023 年，51WORLD 凭借先进的技术经验将云计算、大数据、人工智能和数字孪生等新技术进行融合，为北京朝阳建外街道打造了“楼域共平台数字孪生系统”。该系统采用了平台化的工作理念和运行机制，以数据与模型的集成融合为基础与核心，将辖区内的建筑、事件、组织、人口等各种要素关联到数字化孪生底座上，对区域进行多粒度、全要素还原。同时，利用信息平台的建设融合，构建起一个共建、共治、共享的社会治理共同体，实现了 147 栋楼宇企业之间，商务楼宇与税务、人力资源和社会保障等部门之间实时沟通无障碍，并把“12345”接诉即办服务热线延伸至楼域范围，确保了楼宇企业和群众的实时诉求能够第一时间被处理、有反馈，从而实现了区域毛细血管式基层治理。此外，系统也集成了视频会议、文件传输、交流分享等各类不同功能的服务，协助广大企业充分发掘、利用、发挥数据潜力。

“北京 CBD‘数字底座’生态系统”解决方案是北京 CBD 加强数字新基建建设、数字场景应用的重要成果，也是全国数字孪生城镇建设的创新案例。

附录
数字城镇创新发展的相关政策

一、关于数字经济的政策

1. 中共中央 国务院《关于构建更加完善的要素市场化配置体制机制的意见》（2020）

2. 国务院《“十四五”数字经济发展规划》（2021）

3. 中共中央 国务院《关于构建数据基础制度更好发挥数据要素作用的意见》（2022）

4. 国务院《关于加强数字政府建设的指导意见》（2022）

5. 中共中央办公厅、国务院办公厅《关于推进实施国家文化数字化战略的意见》（2022）

6. 中共中央 国务院《数字中国建设整体布局规划》（2023）

7. 国家数据局等 17 部门《“数据要素×”三年行动计划（2024—2026 年）》（2023）

8. 国家发展改革委、国家数据局、财政部、自然资源部《关于深化智慧城市发展 推进城市全域数字化转型的指导意见》（2024）

9. 财政部《企业数据资源相关会计处理暂行规定》（2024）

二、关于新型城镇化的政策

1.《国家新型城镇化规划（2014—2020 年）》。

2. 国务院《关于深入推进新型城镇化建设的若干意见》（2016）

3. 中共中央 国务院《关于进一步加强城市规划建设管理工作的若干意见》（2016）

4. 国家发展改革委《关于促进特色小镇规范健康发展意见的通知》（2020）

5. 国务院办公厅《关于全面推进城镇老旧小区改造工作的指导意见》（2020）

6. 国家发展改革委《关于加快开展县城城镇化补短板强弱项工作的通知》（2020）

7. 国家发展改革委等十部门《关于印发全国特色小镇规范健康发展导则的通知》（2021）

8.《国家新型城镇化规划（2021—2035 年）》

9. 中共中央办公厅、国务院办公厅《关于推进以县城为重要载体的城镇化建设的意见》（2022）

10. 国家发展改革委《“十四五”新型城镇化实施方案》（2022）

11. 国务院《深入实施以人为本的新型城镇化战略五年行动计划》（2024）